이 모든 것을
사랑이라
부를 수 있다면

권윤지 산문집

이 모든 것을
사랑이라
부를 수 있다면

미디어샘

프롤로그
삶을 사랑하지 않는다면

 나는 권력 가까이에 있는 삶을 살았다. 어릴 때도, 성인이 된 이후 일정 동안에도 그런 나의 삶이 사람들의 생각과 달리 가난하고 초라했을지라도, 나와 내 가문의 운명은 우리 현대사의 흥망성쇠와 함께 흘러갔다. 나는 몇몇 정치적 사건에 직간접적으로 연루되기도 했다.

 나는 어린 시절 아무것도 모른 채 기득권이라는 테두리 안에서 누린 것들에 대해 깊은 죄책감에 빠지곤 한다. 주변 사람들은 나에게 그럴 필요 없다고 말한다. 하지만 나는 그렇게 생각하지 않는다. 나의 삶이 그 둥지 속에서 동이 트며 새벽을 맞이하는 동안, 내 한쪽 발은 여전히 한국 독재 권력의 역사에 보이지 않는 사슬로 묶여 있었다. 나는 현재를 사는 대신 과거를 살았고, 현재를 살기 위해 또 권력의 곁으로 갔다. 지나온 과거는 민중에게 미안한 동시에, 나에게 찾아온 가난이 그 죄를 어느 정도는 덜어주리라고 믿고 싶기도 했다.

이 책은 나의 고백록이다. 우리는 '권력'을 추상적이거나 부정적인 것으로 생각한다. 하지만 권력은 잔인하도록 구체적인 현실이다. 나는 이 책에서 그것이 한 사람의 삶에 어떻게 침투하고 어떻게 그 사람의 의식을 조종하는지, 그리고 결국 그의 삶을 어떻게 이끌어가는지 솔직하게 써내려가려고 한다. 나에게는 어떤 삶이든 어떤 운명의 소유자이든, 반드시 존엄해야 한다는 신념이 있다. 나는 누구나 평등해야 하고, 누구나 삶이 주는 좋은 것을 누릴 자격이 있다고 믿는다. 그러나 세상은 공평하지 않았다. 어떤 이는 너무 많이 넘치게 누리게 했고, 어떤 이는 너무 적게 아니 거의 누리지 못하도록 했다.

이런 불공평함은 오랫동안 나의 화두였다. 나의 가문은 유신 독재 시절과 함께 번영하다가 IMF 이후에 급격히 추락했다. 우리 가문의 운명은 한국 현대사의 발전과 정확히 반대로 흘러갔다. 그럼에도 불구하고 옛 가치관과 옛 말, 귀한 자와 천한 자를 나누던 옛 언어들은 나의 어린 시절에 선명하게 각인되어 있다.

나의 할아버지는 유신 정권 시절, 박정희와 독대를 하는 사이였다. 그리고 육영수 피격 사건인 '문세광 사건' 당시 사형을 언도한 주심판사였다. 또한 대표적 간첩 조작 사건인 '인혁당'과 '민청학련 사건' 재판에 관여했다고 알려져 있다. 할아버지는 군법 재판을 많이 했다고 한다.

나는 고등학교 때 이 사실을 알았다. '만약 내가 없었더라면, 사법 피해자들이 덜 억울했을까?' 물론 그 일은 내가 태어나기 전의 일이었다. 그럼에도 내가 그들에게 부채감을 느끼는 이유는, 그들의 죽음 위에서 내가 잠시나마 부의 열매를 누렸기 때문이다. 나는 스스로에게 국가와 민족을 사랑할 자격이 있는지 수없이 묻곤 했다. 국기에 대한 맹세는 왠지 평범하거나 가난한 집에서 태어나 인생의 상승을 꿈꾸는, 까까머리 청년들에게나 어울린다고 느꼈기 때문이다.

그러나 세상을 더 나은 곳으로 만들 수 있다는 신념은 내가 수없이 체념했던 존재론적 원죄와 비례하여 더욱 불타올랐다.

김대중, 노무현, 이재명… 차별 받고 탄압 받던 이들이 일어나 민주주의를 말하는 시대에 우리는 살고 있다. 나는 그들이 설파한 가치가 우리나라 민주주의의 고전이 되기를 바란다. 그래야 나 같은 이들의 고백록도 누군가에게 읽힐 수 있을 테니 말이다.

나치 독일의 핵심 전범인 아돌프 아이히만은 성실한 가장이자 좋은 아버지였으며 견실한 남자였다고 한다. 독일 출신의 정치철학자 한나 아렌트가 이 점을 들어 '악의 평범성'을 주장한 것은 결코 우연이 아니다. 그녀가 말한 '악'은 우리가 흔히 떠올리는 사악함이 아니라, 각 개인에게 주어진 시대의 죄에 가까운 것이었다.

누군가는 나에게 사적인 이야기를 왜 그리 공들여 하느냐고 반문할 수 있다. 그러나 나에게 내 이야기가 사적이었던 적은 한 번도 없었다. 가족으로부터 사상적으로 독립하는 일은 나에게 거대한 과제였고, 나는 이 모든 프로젝트를 아무에게도 말하지 않은 채 혼자 힘으로 해냈다. 이제 나에게 어떤 후폭풍이 몰아칠지는 알 수 없다. 하지만 어떤 비난이 오더라도 나는 당당할 것이다.

나는 희극과 비극의 본질은 사랑에 있다고 믿는다. 세상을 사랑하지 않고 삶을 사랑하지 않는다면, 우리는 무엇도 할 이유가 없다. 우리가 정치적 담론과 정치라는 것에 끊임없이 자극받는 이유는 결국 세상과 삶을 사랑하기 때문이라고 나는 믿는다.

그런 의미에서 이 책은 나의 사랑 고백이다. 어쩌면 축복처럼 주어진 나의 거칠고 우울한 삶의 경험들이 많은 이들에게 사유의 빛이 되기를 감히 꿈꾸어본다.

권윤지

추천의 말

권윤지 작가는 과거의 그림자에서 눈을 돌리지 않았다. 유신정권 시절, 사법 살인에 관여한 판사였던 할아버지의 과오를 외면하지 않고, 오히려 그것을 자신의 삶 속으로 끌어안고 성찰하려 했다. 가문의 부끄러운 역사를 조용히 감추기보다 그 진실을 정직하게 마주하고자 한 이 산문집은 그런 용기의 기록이다.

대개 사람들은 가문에 얽힌 어두운 이야기를 피하려 하지만, 권 작가는 그 치부를 고백함으로써 오히려 독자에게 더 가까이 다가간다. 그는 가문의 죄과를 자신의 탓으로 여기지 않으면서도, 그 무게를 짊어지고 '정의로운 사회'에 기여하겠다는 다짐을 삶으로 실천해왔다.

최근 그녀는 왜곡된 성폭력 담론과 이중 잣대에 맞서 진실을 밝히려는 이들과 연대하고 있다. 박원순 사건을 비롯해 '성 무고' 피해자들의 권리를 조명하며, "악이 선을 이긴 사건으로 남아서는 안 된다"고 절절히 말한다. 나아가 그는 정철승 변호사의 무죄를 주장하는 시민변호인단의 일원으로서, '정의가 침묵하지 않도록' 목소리를 보태고 있다. 이 산문집은 단순한 사적 고백을 넘어, 정의와 진실을 향한 실천적 지성의 흔적이다. 침묵과 외면이 지배하는 시대에, 권윤지 작가의 글은 우리 사회가 나아가야 할 방향을 묵직하게 일러준다.

●**조성민**(한국교원대 명예교수 · 시민변호인단 고문 · 민사네 상임고문)

모든 사람들이 거짓을 말할 때, 사실을 말할 수 있는 사람은 많지 않다. 사실을 말하는 그를 거짓을 말하는 사람들이 공격하기 때문이다. 자신의 거짓이 들킬까 두려워서. 자신이 용기가 없다고 모두를 겁쟁이로 만드는 사회에서, 용기 있게 사실을 외친 사람, 권윤지의 깊은 속을 알게 해주는 이 책을, 용기를 내어보려 하는 모두에게 권한다.

● 김성수(시사문화평론가)

"나는 그의 투명한 손으로 길러졌다. 그런 의미에서 나는 영혼의 딸이고, 가문의 딸이며, 당대사의 증언자이자 시대의 딸이다." 기나긴 이야기가 때론 단 한 줄 속에 녹아 있는 경우가 있다. 이 책은 붉고 찐득거린다. 끝없이 유동하는 진액 같은 문장이 지면 위로 자꾸 흐른다. 권윤지라는 이름의 아티스트이자 전사. 그는 자신의 삶을 신화적 서사로 만들어 세상에게 들려준다. 이 책은 어떤 각오일 수도 있고, 선언일 수도 있다. 그리고 이 모든 행위가 그의 작품일 수도 있다. 자신의 생 자체를 재료로 쓴 것이다. 피를 물감으로 쓰듯. 이 책이 그렇다. 묘하고 통증이 있다.

● 김성신(출판평론가)

권윤지는 십대의 어느 날 자신이 "폭력의 유산"을 상속받았다는 걸 알게 된다. 그건 자신을 특별하게 환대해온 세상을 지금까지처럼 누려서는 안 된다는 걸 깨닫는 뼈저림이었다. 이를테면 귀족의 상속녀가 출생의 비밀을 알고 난 뒤 성채를 뒤로하고 폐허의 거리로 몸을 내던져야 하는 시간이 시작된 것이다.

 유신 폭력에 관여된 할아버지의 생애는 권윤지의 정체성에 피할 수 없는 메스를 들이댔다. 자기를 해부해야 하는 처지에 몰린 권윤지에게 페미니즘은 그런 메스의 끝에 이르게 된 안도의 정체성이었다. 하지만 그 안에도 폭력은 존재했다. 쉼표는 허락되지 않았고, 그건 더 깊은 정체성의 질문 속으로 들어가야 하는 고투였다. 이 책은 그런 쟁투의 일기다. 거기서 우리는 한 젊은 여성의 심연을 본다. 그건 이 시대의 거울, 그 자체다. 귀하다.

● 김민웅(전 경희대 교수/촛불행동 상임대표)

이렇게 용감할 수 있을까? 이렇게 총명할 수 있을까? 누구도 거역할 수 없도록 몰아치는 태풍 속에서 피하지 않고 이렇게 정면으로 맞설 수 있을까? 모든 새들이 머리 박고 숨는데 오호! 불면 날아 갈 작은 파랑새 한 마리가 쉼 없이 소리친다. "아닌 건 아닌 것이다!"라고.

●**박재동**(시사만화가)

 사회적 폭력, 핏빛 가족사, 살갗 깊숙이 팬 흉터까지— 모두 적나라하게 드러낸 알몸의 문장이다. 저자는 상처를 꿰매지 않는다. 오히려 그 가죽을 팽팽히 당겨 만든 북으로 세상을 두드린다. 이 책은 고통을 증언으로 바꾸는 단단한 용기와 어둠 속에서 울려 퍼지는 뜨거운 북소리다.

●**박찬우**(그래픽디자이너, '기레기 시리즈' 제작자)

차례

프롤로그_ 삶을 사랑하지 않는다면	5
추천의 말	10
녹취서	150
에필로그_ 다시 태어날 결심	210

01 조용한 유죄

다려진 옷, 다려지지 않은 마음	18
비눗방울에게 작별을	24
하얀 코트의 천사	30
살아 있다는 감각	34
어머니라는 고립된 우주	40
유신의 향로 속, 재가 된 청춘	48
역사는 끝나지 않은 재판	54
영광의 뒷면, 침묵의 유산	56
균열	62
원칙의 사람	68
덮인 풍경	78
향유 대신 투쟁	82
저는 악의 딸인가요	86
보지 못한 아름다움, 보게 된 진실	90

02 빛의 이음

낯선 연설, 낯선 각성	*96*
지지 선언은 나의 증언	*100*
금기가 된 질문	*106*
내 안의 남성	*116*
진리의 이름으로 강요된 언어	*122*
진실과 거짓 사이	*130*
나는 성폭력 피해자였다	*136*
피해자의 자격	*140*
원망을 지운 자리	*176*
사라진 중심에 남겨진 프레임	*182*
유효한 언어를 찾아서	*185*
병든 페미니즘	*192*
이십 대의 종주먹질	*204*
뒤틀린 감수성, 잃어버린 인권	*207*

01 조용한 유죄

다려진 옷, 다려지지 않은 마음

 우리 친가 식구들이 모이면 으레 가던 식당이 있었다. 내부는 화려했다. 2층짜리 식당으로 원형 계단을 중심으로 층이 나뉘어 있었고, 2층에서는 지하 1층까지 훤히 내려다보이는 구조였다. 뻥 뚫린 중앙 공간에는 길이가 제각각인 전등들이 천장에서 툭툭 떨어지듯 매달려 있었다. 사촌들은 그 전등을 매단 기다란 철제 코일을 건드리며 전등이 이리저리 흔들리게 하는 장난을 즐겼다. 그들의 부모를 제외하면 아무도 그 장난을 말리지 않았다. 아이들이 그렇게 장난을 쳐도, 우아한 전등갓 아래에 동그랗고 노란 불빛은 육중한 철제 코일에 매달린 채 고고하게 흔들릴 뿐이었다.

식당의 모든 종업원은 우리 가족을 알고 있었다. 그들은 머리에 약간의 구르프를 넣고, 동백기름을 바른 듯 광택이 나는 머리를 망으로 덮은 채, 가슴을 내밀고 허리를 꼿꼿이 펴며 우리를 환대했다. 종업원들의 허리춤에는 무전기가 하나씩 꽂혀 있었다. 나는 그 무전기에서 목 쪽으로 뻗은 검은 고무선을 바라보곤 했다. 내 시선을 눈치챌 리 없는 종업원은 우리 가족을 향해 계속 환한 미소를 지었다.

할머니의 트위드 재킷과 고전적인 진주 목걸이와 할아버지의 벙거지 모자와 영국산 고급 니트는 조도가 낮은 방으로 들어갈수록 더욱 빛을 발했다. 우리 가족의 행렬은 언제나 할머니와 할아버지가 앞장섰고, 그 뒤를 아버지와 어머니들이 따랐다. 마지막에는 아버지의 손을 잡거나 서로 시시덕거리던 아이들이 그 엄숙한 분위기에 약간 기가 눌린 듯한 모습으로 따라갔다.

우리 가족은 주로 지하에 있는 룸에서 식사를 했다. 식탁보는 광택 없이 새하얬고 새틴이나 벨벳을 떠올리게 할 만큼 두껍고 견고했다. 그 식탁보는 어른 다리에 닿을 만큼 길게 늘어져 있었다. 가족들이 넓은 원형 테이블에 둘러앉아 있으면, 유리 회전판 위에는 하나같이 이름이 어려운 광둥식 요리들이 하나씩 올라왔다. 냅킨은 요리사 모자 모양으로 정성스럽게 접혀 있었다. 종업원들은 연분홍빛이 날 정도로 잘 우려낸 재스민 찻주전자를 수시로 들고 다니며, 손바닥만 한 작은 찻잔이 비워질 때마다 얼른 채워주었다.

―

나는 수줍은 아이였다. 지금은 편한 치마나 정장 치마를 가끔 입기도 하지만, 어린 시절에는 주로 점퍼스커트나 원피스, 혹은 실크 주름치마나 멜빵치마를 입었다. 단정한 단발에는 그날 코디에 어울리는 머리 장식을 했고, 그에 맞는 무늬 스타킹을 곁들이고는 했다. 내 옷은 디자인상 필요한 주름 외에는 언제나 주름 하나 없이 다려져 있었다. 배색도 세련되어서 마치 어린이 마네킹처럼 보이기도 했다.

할머니는 유독 귀하게 여긴 손녀인 나에게 늘 '백만 불짜리' '귀티 나는'이라는 표현을 붙여주셨다. 그 시절에는 그런 옷을 입는 것이 무척 민망했다. 하지만 지금 돌아보면 나는 어린이 정장, 그러니까 고급 옷이 꽤 잘 어울리는 아이였다.

나는 내 몸을 감싸는 천의 감촉을 온전히 느낄 수 있었다. 레이스의 간지러움, 레이스 안에 덧댄 안감의 친절한 배려, 까칠하면서도 안정적으로 몸을 감싸는 벨벳의 질감, 그리고 화려하고 몽환적인 느낌으로 괜히 한 바퀴 돌고 싶게 만드는 실크의 감촉을 기억한다. 겹겹이 덧댄 치마의 고풍스럽고 화려한 분위기는 나에게 어색함과 함께 진지한 몸가짐을 요구했다.

곡선을 살려 귀엽게 디자인된 고전적인 폴로풍의 짙은 핑크빛 면 질감은 캐주얼하면서도 멜랑콜리한 느낌을 주었다. 상체와 하체를 멜빵으로 이어주는 격식은 내 것이 아닌 것처럼 어색하게 느껴졌다.

한편으로 나는 그것들이 나에게 허용되는 근거가 궁금했다. 내가 옷을 자유롭게 선택해서 입고, 그것을 입은 채 세상에 보여지고, 그 색 안에서 말하고 듣고 반응하고 공부할 수 있는 그 모든 근거를 알고 싶었다.

—

어린 시절, 나는 눈이 검고 깊었다. 동공과 홍채가 거의 구별되지 않을 정도로 까맸다. 머리카락도 완전히 새까매서

햇빛에 비쳐도 갈색이 아니라 회색으로 아주 미미하게 빛날 정도였다.

나의 머리도 잘 빗겨 있었고, 종업원의 머리도 잘 빗겨 있었다. 하지만 나의 머리는 대접 받고 사랑받기 위한 것이었고, 종업원의 머리는 대접을 하고 무한히 봉사하기 위해 정돈된 것이었다. 나의 옷은 잘 다려져 있었고, 종업원의 옷은 나보다 훨씬 더 정갈했다. 하지만 나의 옷은 감상되고 예쁨받기 위한 것이었다면, 종업원의 옷은 손님을 모시는 예절을 표현하기 위해 준비된 것이었다.

나는 돈을 내는 자와 돈을 받는 자에 따라 지위가 나뉜다는 사실, 그리고 옷차림과 태도가 서비스의 언어로 상징된다는 것을 직관적으로 파악했다. 그 느낌은 비애라기보다는 비감(悲感)에 가까웠다.

나는 마치 자신이 죽었다고 착각하는 코타르증후군에 걸린 아이 같기도 했다. 죽었다는 감각만 있을 뿐 살아 있다는 느낌은 해리되어 있는 듯했다. 철로 된 심장과 들짐승의 엷은 털로 된 피부에 늑대의 눈을 가진 '야아'처럼, 그리고 성과 속 어디에도 속하지 못하고 버려진 천사처럼 말이다. 세상의 모든 슬픔을 묵상할 수는 있으나 그 내용을 말로 표현할 수는 없는 무거운 공기 덩어리처럼 나는 홀로 세상 안에 버려져 있는 느낌이었다. 어릴 적의 나는 그 비감의 시선으로 세상을 바라보았다. 그리고 세상 또한 나에게 비감의 화살을 내리꽂았다.

식당의 종업원들은 늘 나를 반겨주고 예뻐해주었다. 나는 그들이 양팔을 벌린 성모 마리아처럼 온 백성의 기도를 맞이하듯 작은 나를 향해 품을 활짝 열었던 모습을 기억한다. 그리고 그 품은 오직 나만 들어갈 수 있는 곳이었다는 사실도 기억한다. 그래서 나는 그 안으로 들어가지 않았다.

나에게 삶은 누리는 것이 아니었다. 누려서는 안 될 이유가 넘쳐나는 어떤 것이었다. 아니, 나에게 삶은 애초에 누려지지 않는 것이었다. 가만히 있어도 거리가 생겨나는 그런 것이었다.

비눗방울에게 작별을

　우리 친가는 1990년대 초부터 2000년대까지 한 고급 리조트에 전용 객실을 보유하고 있었다. 오직 우리 가족만을 위한 객실이었다. 다른 사람은 사용할 수 없었다. 내가 여섯 살 무렵부터 초등학교 저학년 즈음까지, 우리 가족은 주말마다 그 리조트를 찾았다. 할머니는 골프를 치셨고, 나와 부모님은 수영장에 갔다. 가끔은 할머니와 함께 사우나에 가기도 했다.

　그 리조트는 강원도 초입에 있었다. 리조트뿐 아니라

그 주변 땅까지 모두 시공사의 소유였다. 우리는 조용하면서도 다소 인공적인, 방치된 듯하면서도 정제된 풍경을 지나 리조트에 도착했다. 입구 초소에서는 경비원이 거수경례를 하며 우리를 맞았다. 우리는 할아버지의 기사 딸린 최고급 97년식 기아 엔터프라이즈를 타거나, 아버지가 직접 운전하는 현대 엘란트라를 타고 리조트에 진입해 전용 객실에 체크인을 했다.

체크인을 담당하는 건물에는 커다란 샹들리에가 걸려 있었다. 고급을 표방한 리조트답게 그 샹들리에는 과하지도 않았고, 그렇다고 미니멀하지도 않은 디자인이었다. 적당한 장식과 만족스러운 양감, 그리고 구조감이 돋보이는 공간이었다. 샹들리에를 지나 어두운 로비에 들어서면, 단색 유니폼을 입고 승무원 스타일로 머리를 정돈한 여직원이 우리를 맞았다. 프론트에서는 주름 하나 없이 다림질된 흰 셔츠의 남직원이 정중하게 체크인을 도와주었다.

전용 객실은 마치 제2의 집 같았다. 따로 길을 찾을 필요도 없이 그냥 가면 되었다. 문을 열면 익숙한 3인용 소파와 1인용 안락의자, 재떨이, 유리 테이블, 벽에 걸린 그림, 그리고 옷장에는 이미 우리의 물건과 이불로 채워져 있었다. 주방에는 손자 손녀들을 위한 작은 캐릭터 수저가 놓여 있었고, 서랍장 안에는 아이들이 갖고 놀 색종이가 가득 들어 있었다.

어른들은 거실에서 땅콩 안주에 맥주를 마셨고, 할아버지는 안방에서 텔레비전을 보셨다. 할아버지가 뇌졸중으로 몸이 불편해지면서, 기사 아저씨는 집에서 보던 텔레비전을 직접 차에 실어 리조트로 가져왔다. 가장 충성스러웠던 아들인 아버지와 기사 아저씨는 "하나, 둘, 셋!" 기합을 넣으며 텔레비전을 안방까지 옮기고 선을 꽂았다.

할머니는 가까운 농협에서 한우 고기를 사 와 로스를 만들어주셨다. 입맛도 없고 배고픔도 배부름도 없던 나에게 소고기는 맛있다는 감흥을 주지 않았다. 나는 무엇을 먹어도 맛있다고 느끼지 못했다. 내가 처음으로 무언가를 '맛있다'고 느낀 것은 성년이 된 이후, 근무하던 학원에서 점심 메뉴로 김치찌개나 뚝배기 불고기를 먹었을 때였다.

나는 손자 손녀에게 맛있는 것을 해주겠다는 보람으로 가득 찬, 당당하고도 기력 넘치는 할머니의 얼굴을 잠시 바라보았다. 그리고 먹어야겠다는 책임감으로 고기 몇 점을 고무 씹듯 씹은 뒤, 혼자 있을 수 있는 공간을 찾아나섰다.

할머니에게는 배가 부르다며 내복 차림으로 밖에 나가 이곳 저곳을 서성거렸다.

—

어느 휴일이었다. 그날은 아버지가 비눗방울을 불어주었다. 내가 그 다정함을 알거나 모르거나 나에게 각별했던 아버지는, 아버지라는 커다란 남성에 대한 나의 수줍음조차 배려했다. 아버지는 그 수줍음에서 묻어나는 어린 여자아이의 기묘한 성적 수치심까지 통찰하며 나와 놀아주었다.

나는 아버지가 불어준 비눗방울을 잡으러 다녔다. 비눗방울이 터질 때마다 아버지는 웃음을 지었다. 아버지는 내가 비눗방울을 잡아도 쉽게 터지지 않는 더 크고 견고한 방울을 만들기 위해 열심이었다. 그날 나는 어쩐 일인지 아버지가 떠난 발코니에 혼자 남았다. 발코니의 난간은 낮았다. 발코니 바닥과 고급스러운 진청색 철 난간 사이에는 시멘트 턱이 있었다. 그 턱을 밟고 서면 나의 가슴이 바깥으로 나갈 정도였다.

빈 발코니에서 나는 턱을 밟고 까치발을 했다. 그러자 눈앞에 펼쳐진 하늘과 정면에 펼쳐진 조각공원의 언덕이 티없이 선명하게 들어왔다. 너무 밝은 햇빛에 예민하게 반응한 나머지 눈앞에는 수많은 벌레들이 기어다니는 것 같았다. 풍경은 마치 고흐의 옅은 붓질처럼 나만의 방식으로 약동하는 것처럼 보였다. 하지만 나에게는 그저 아무 말없이 슬프게 움직이는 풍경일 뿐이었다. 나는 그 풍경들에게 어떤 대답이라도 해줘야 할 것만 같았다.

그래서였을까? 나는 언덕 위에 식수된 전나무를 바라보고 조심스레 오른손을 들어 흔들었다. 그때 나의 가슴은 마치 해부된 카데바처럼 완전히 열려 있었다. 나는 온몸으로 하늘과 언덕과 나무와 돌들에게서 전해오는 파장을 느끼고 있었다. 마치 공기 중에 노출된 뼈의 단면마다 그 파장이 스며드는 듯했다. 한결같이 내 안에 머무는 고독에 몸이 저려왔다. 전류가 흐르는 듯한 슬픔의 발작이 온몸으로 퍼져나갔다.

순간 나는 내가 너무 오염되었다고 생각했다. 나의 태생과 지금의 생활이 죄의식을 불러왔다. 중식당 종업원을 볼 때와 비슷한 죄책감이었다. 하지만 그날의 슬픔은 훨씬 더 날것의 죄의식이었다. 죄라는 단어조차 모를 때이므로 형언할 수 없는, 그러나 깊고 또 깊은 회의와 환멸이 뒤섞인 비감이었다.

나는 막연하게나마 죽음을 생각하고 있었다. 죽음을 통해 뭔가를 대속하고 싶다는 마음도 함께였다. 오른손을 더 높이 들어올려 세상에 작별 인사를 했다.

'이제 안녕, 더 이상 나는 너희에게 매연을 내뿜지 않을게. 고기 냄새와 살 타는 냄새를 풍기지 않을게.'

어린 날의 감정이라고 하기에는 너무 구체적인 느낌이었기에 나는 성인의 언어를 빌릴 수밖에 없다. 그것은 죄책감과 부채감, 세상에 대한 총체적인 의문, 그리고 물질에 대한 환멸이 뒤섞인 나의 작별이었다. 아직 터지지 않은 비눗방울이 나의 인사를 받아주고 있었다.

하얀 코트의 천사

　세 살이던 1998년 어느 겨울, 모르긴 해도 한파주의보가 발효된 날이었을 것이다. 그날은 회색빛 진눈깨비가 하루 종일 휩쓸 듯이 내렸다. 하늘은 컴컴했다. 그 사이로 태양빛이 희미하게 비쳐들고 있었다.

　두꺼운 남색 점퍼를 입은 아버지는 내 손을 잡고 신림역 앞을 걷고 있었다. 그러다 우리는 어떤 검은 형상 앞에 멈추어 섰다. 한 사내가 국방색과 검정색이 뒤섞인 넝마를 아무렇게나 두른 채, 두꺼운 침낭 조각으로 몸을 절반쯤 감싸고 있었다. 침낭도 온전하지 않았는지 낡은 부츠를 붕대처럼 둘둘 감아 신은 상태였다.

그의 얼굴은 두꺼운 후드에 가려 시커멓게 보였고, 은빛 수염만이 반짝이고 있었다. 그는 마치 너무 과숙해서 썩기 직전의 과일 같았다. 나는 겉으로는 아무렇지 않은 척했지만, 마음속으로는 심장이 조용히 내려앉고 폐가 멈춘 듯한 느낌으로 그에게서 시선을 뗄 수 없었다. 그는 자고 있는 것처럼 보였다.

아버지는 새우처럼 웅크려 잠든 그 사람에게서 일곱 걸음쯤 떨어진 곳에서 나를 멈추어 세웠다. 그러고는 지갑을 열어 돈 3만 원을 나에게 건넸다.

"저분께 성의껏 예의 바르게 드리고 와."

나는 약간 겁을 먹은 채, 작은 손에 만 원짜리 세 장을 꼭 쥐고 그에게 다가갔다. 아무 말 없이 돈을 내밀자, 그는 느릿하게 몸을 일으키며 나를 올려다보았다. 그러고는 갑자기 눈물 없는 울음을 쏟아내기 시작했다.

눈물도 소리도 없이 꺼억 하는 쇳소리만 낼 뿐이었다. 그는 나에게 머리가 땅에 닿을 정도로 고개를 숙였다. 그 몸의 곡선은 슬픔으로 다가왔다.

나는 조용히 뒤를 돌아 아버지를 향해 쪼르르 달려갔다. 왠지 나와는 너무도 다른 성질의 존재를 마주한 것만 같았다. 벌을 받은 사람을 바라보는 듯했고, 때가 탄 것을 바라보는 순수한 아이처럼 굴어야 할 것 같았다. 나는 아버지에게 약간 무서웠다는 기색을 보였다.

하지만 사실 그와 단둘이 마주한 순간, 나는 이미 공포를 잊고 있었다. 모종의 설렘도 있었다. 그 설렘은 남을 도왔다는 데서 오는 희열이거나 누군가를 '일시적으로' 감동시켰다는 데서 오는 고양감이었을 것이다.

그리고 말로는 표현할 수 없이 복잡한 감정도 함께 밀려왔다. 그 사람은 왜 거기에 누워 있어야만 했을까. 안전한 집과 젊은 아버지를 둔 영국풍 흰색 모직 코트를 입은 나는 왜 그에게 돈을 건네야 했을까. 이 세상은 도대체 어떤 메커니즘으로 작동하고 있는 것일까. 어린 심장은 그런 물음을 던지고 있었다.

아무리 아름다운 색이라도 모두 섞이면 결국 검정이 된다. 그는 내게 모든 색이 뒤엉킨 암흑으로 남아 있다. 아버지의 마음과 나의 마음, 그리고 그의 마음이 한순간 맞닿았을 때, 이 세상은 정말 어떤 유의미한 파장이 일어나는 것일까. 나는 아직도 그 질문에 '그렇다'라고 확답할 수 없다.

    그에게 돈을 건넸을 때 마치 나는 하늘에 떠 있는 순백의 공주 같았다. 그러나 내가 맡았던 '천사의 역할'은 나의 것이 아니었다. 세상이 부여한 상징이었고, 인간의 운명 중 밝아 보이는 편린에 불과하다는 것을 나는 어렴풋이 직감하고 있었다.

살아 있다는 감각

　나에게 몽상할 자격이 있었다면 그것은 사치일까. 아니면 세상을 살아가기 위해 그 정도 사치는 필요했던 걸까. 나의 어린 시절은 고전적인 여성 지식인의 삶과 비슷했다. 인형이나 소꿉놀이는 그다지 좋아하지 않았다. 대신 책과 그림을 무척 좋아했다. 친구들이 즐겨 보던 만화나 판타지 소설에도 큰 관심이 없었다.

　나의 일과는 단순했다. 학교에 가고 동네에서 숲이나 꽃, 나무들을 구경한 뒤 집에 돌아와 책을 읽었다. 어머니

말로는 내가 또래 아이들이 잘 하지 않는 연필 정밀 소묘화를 그려 선생님들이 특이하게 여겼다고 한다.

나는 자연 가까이에 살았다. 아버지는 내가 아기일 때까지 고시생이었다. 그래서 부모님의 신혼집은 서울대 바로 옆이었다. 법대생과 음대생의 연애 결혼이라는 이상적인 조합 사이에서 태어난 나는 진지하면서도 다재다능한 아이였다. 조금 우울한 면이 있긴 했지만 아예 웃을 줄 모르는 아이는 아니었다.

나는 없는 것을 상상하기보다는 있는 것을 가만히 바라보며 혼자 생각하는 것을 좋아했다. 그런 나에게 화려했던 어머니는 패션 감각을 가르쳤고, 나는 외모에 신경을 쓰지 않으면서도 뭔가 예쁜 것을 추구해야 한다는 강박을 갖게 되었다.

예쁜 것이 좋은 것이라는 믿음은 어머니의 신념이었다. 당연히 나는 거기에 저항할 의지 없이 따라야 했다. 내 머리는 양 갈래로 묶여 있고 옷에는 항상 장식이 달려 있었다. 중식당이나 리조트에서 입던 고급 옷은 아니었지만, 언제나 단정하게 잘 입힌 상태였다.

어느 날, 나는 나에게 어울리는 드레스를 입어보고 싶다는 생각이 들었다. 좋은 옷을 원한 것은 아니었다. 단지 중식당이나 리조트에 갈 때 입던 그런 옷이 아니라, 나를 자유롭게 해줄 수 있는 옷을 입고 싶었다. 모르긴 해도 그것이 내가 스스로를 삶에서 해방하려 한 첫 시도였을 것이다.

나는 이미 충분할 정도로 많은 옷을 갖고 있었기 때문에 굳이 새 옷이 필요하지는 않았다. 하지만 나에게는 나를 '나'이게 만들 수 있는 단 한 벌의 옷이 필요했다. 귀족이 되기 위해서가 아니라, 인간이 되기 위해서 옷 한 벌을 사야 했다. 결국 나는 어머니에게 옷을 사고 싶다고 말할 수밖에 없었다.

그러던 어느 날, 아버지는 나를 옷가게에 데려갔다. 옷 한 벌을 내가 직접 고를 수 있는 기회를 얻게 된 것이다. 그곳에서 나는 연하지도 짙지도 않은 핑크색 바탕에 꽃과 종, 리본 무늬가 짙게 프린트된 하얀 넥카라 원피스를 골랐다. 내가 입던 고급 옷들과는 달리, 재질이 그다지 좋지는 않았지만 시각적으로는 볼거리가 많은 옷이었다.

그러나 나는 그 옷을 사두고도 거의 입지 않았다. 아마도 그 옷은 내 삶에 잘 어울리지 않는 옷이거나 애초에 나의 삶에 들어와서는 안 될 옷이었는지도 모른다. 무엇보다 어머니가 그 옷을 나에게 권하지 않았다. 옷을 고를 때도, 내가 그 옷을 입으려 할 때도 어머니는 "좀 촌스럽지 않니?" 하고 눈치를 주었다. 그러면 나는 조용히 마음을 접곤 했다

—

나는 가볍고 유치한 옷을 좋아했다. 그런 옷을 입으면 슬픔의 무게가 잠시 벗겨지고, 나만의 조용한 시간이 허락되는 듯했다.

초등학교 1학년 때, 친척이 선물한 캉캉치마 스타일의 폴카 도트 원피스를 입은 적이 있다. 그날 학교 복도를 걷다가 문득 내가 살아 있다는 것을 깨달았다. 그때가 늘 관성처럼 의식을 지배하던 감수성을 깨고, 순수한 즐거움으로 처음 뛰어오른 순간이었다. 지금도 그때의 감각이 생생하다.

여자 화장실에서 나와 교실로 돌아가던 중이었다. 나는 복도를 따라 한 바퀴를 돌았다. 그 순간 치맛자락이 사르르 펼쳐졌다가 사뿐히 내려앉는 느낌을 '누렸다'. 그것은 내가 스스로 추었던 최초의 춤이었을 것이다. 정말 평범하고 아무것도 아닌 순간이었지만, 은총처럼 찾아온 시간이기도 했다.

가끔 생각한다. 내가 그때 어리지 않았다면, 과연 그런 즐거움을 받아들일 수 있었을까? 어쩌면 내 앞에 너무나 많은 삶이 아직 해약되지 않은 보험처럼 남아 있다는 사실을 무의식적으로 알고 있었는지도 모른다. 그래서 그 순간을 마음 놓고 즐겨본 건 아니었을까?

어릴 적 나는 나에게 남은 날의 수가 얼마나 될지 세어보곤 했다. 하루 단위로, 혹은 월 단위나 연 단위로 셈을 했다. 나는 오늘 살아 있는 것처럼 내일도 살아 있으리라는 사실이, 마치 믿어서는 안 되는 진실처럼 느껴졌다. 오늘 살아 있듯 한 달 뒤에도 나의 육체가 남아 있을지, 오늘 눈을 뜨고 있듯 1년 후에도 내 눈이 여전히 투명하고 팔다리가 자유로울 수 있을지 의심스러웠다. 나는 마치 더 이상 올라갈 곳이 없는 고원에 서 있는 것 같았다.

어린 생명의 원초적인 힘이란 그런 것이었다. 그것은 유한한 것이고 서서히 닳아가는 것이었다. 현재가 가장 찬란하다는 사실을 나는 너무 일찍 깨달았는지 모른다. 그 찬란함은 당장 형상화할 수 없었다. 그래서 나는 생을 잃어가는 과정으로 받아들였으며, 세포들의 죽음을 피부로 느끼며 자라났다.

어머니라는 고립된 우주

나의 어머니는 고통의 화신 같은 사람이었다. 함께 살았음에도 불구하고 내 기억 속의 그녀는 형체가 없다. 아마 나는 그녀에게 사랑받고 싶었던 것 같다. 말하자면 나는 그녀에게 아첨을 많이 했다. 밥이 맛있다거나 공부를 열심히 한다거나 말을 잘 듣는 식으로 말이다. 유년기에는 그것이 당연한 행동이라고 여겼지만, 모든 아이에게 당연한 일이 아니라는 사실을 훗날 알게 되었다.

어머니는 예술가였다. 정신적으로나 육체적으로 무척

위태로운 사람이었다. 집으로 들어오면 방에서 좀처럼 나오지 않았다. 나에게 어머니는 공백이었고 때때로 슬픈 공격이었다. 아픈 어머니의 뒷모습을 말없이 지켜보다가, 문 소리조차 내지 않고 조용히 물러선 날들이 내 기억 속에 수많은 파편처럼 꽂혀 있다.

그날들의 기억이 채찍이라면, 그 채찍 끝에는 살을 깊이 파고드는 작은 유리 조각들이 매달려 있다. 그 채찍은 마치 100년 동안 반납되지 않은, 전쟁 생존 가정의 서가에 남겨진 베테랑의 유품처럼 내 안에 깊이 박혀 있다.

어머니는 옷을 입고 있어도 옆으로 누우면 척추가 훤히 드러날 만큼 깡마르고 작은 사람이었다. 연약한 두피와 가난한 머리숱의 소유자였다.

척추는 마치 바늘이 꽂히길 기다리는 듯 둥글게 말려 있었다. 허벅지를 아무렇게나 가슴 쪽으로 끌어모은 채 누워 있으면 발바닥은 주름조차 보이지 않았다. 발은 땅을 전혀 딛지 않은 듯 떠 있었고 예리하게 도드라진 아킬레스건의 깊은 요철이 그대로 드러나 있었다. 그 모습은 어떤 식으로든 내동댕이쳐진 사람의 몸처럼 보였다.

그럴 때마다 내 눈에 비친 어머니는 구겨진 채로 내던

져진 사물 같았다. 아니, 스스로 구겨지기를 기다리다 마침내 구겨졌을 때야 비로소 안심하며 그 구김 사이를 비행하는 존재처럼 보였다. 공기처럼 자기 안을 떠돌고 자기 안에서만 공명하는 사물처럼 보였다. 사랑도 슬픔도 외로움조차 빠져나간 채 절대적으로 고립된 사물처럼 말이다.

그녀는 방황할 힘조차 없기에 방황하지 못하지만, 방황의 씨앗을 품고 어딘가에 움트려고 애쓰는 존재였다. 그러나 철판 위에서 자랄 수 없는 새싹처럼 더 이상 자라지 못한 채 100미터 달리기를 요구 받거나, 때로는 자신이 잘 달리고 있다고 착각하는 로봇 같기도 했다. 또는 세상과 고립되기를 선택한 것 같지만, 누구보다 세상과 섞이고 싶어하는 인간화된 사물 같았다. 의도적으로 만들지 않은 프랑켄슈타인 같은 존재가 나의 어머니였다.

그녀의 살갗에는 실낱같은 생명이 겨우 배어 있었다. 그것이 그녀를 버티게 하는 유일한 힘인 듯했다. 스스로 재생하는 세포들이 이미 죽어버린 그녀의 영혼을 질질 끌고 가는 것처럼 느껴졌다.

어쩌면 나는 그녀의 폭력성이 의외로 반가웠는지도 모르겠다. 누구에게나 자신이 살아 있음을 증명하는 방식이 있다. 정치인에게는 정치가, 회사원에게는 업무 능력과 인정이, 선생님에게는 가르칠 때의 환희가 살아 있음을 증명할 것이다. 그렇다면 나의 어머니에게 존재의 진정한 증거이자 가장 도취적이고 고통스러운 증표는 바로 폭력이 아니었을까.

—

나는 그렇게 어머니를 이해하려 했다. 어머니의 묘비 앞에서 이해하든 살아 있는 어머니 앞에서 이해하든, 나의 어린 시절은 별반 달라지지 않았을 것이다. 나는 이미 매일 생명력의 고원 위를 까치발로 서 있었다. 어디에서 어떤 자극이 오든 크게 개의치 않을 정도로 단련되어 있었다.

내가 폭력을 당하는 것이 어머니를 살게 하는 동력이 될 수 있다면, 나는 차라리 죽음을 택했을 것이다. 내 팔 한쪽을 잘라주든 다리 한쪽을 내주든, 눈 한쪽을 파주든 그렇게 했을 것이다. 지금도 나는 어머니가 당장 칼을 들고 와 나를 죽이는 상상을 하곤 한다. 만약 어머니가 정말 나를 죽이겠다고 한다면 나는 기꺼이 몸을 내어줄 것이다. 내 몸을 탄생시킨 이에게 내 몸을 먹고 살아가라고 할 것이다.

만약 내가 서구 국가에서 태어났거나 한국에서 조금만 더 늦게 태어났더라면, 나는 아동학대 구제 시스템의 도움으로 어머니로부터 강제로 분리되었을 것이다. 그러나 나에게 그런 기회는 없었다. 우리가 잠들기 전 양을 세거나 퇴근 후 맥주를 마시는 일상의 의식처럼, 그녀에게는 나를 향한 폭력이 그러한 의식이었다.

폭력을 당하는 것은 마치 제례를 치르는 기분이었다. 그것은 삶의 지속을 위한 하나의 제례였다. 그녀의 손에 엿가락처럼 휘어지던 나의 팔과 다리, 나조차 볼 수 없는 은밀한 부위의 상처들은 모두 그녀의 제물이었다.

어머니는 피아노 실기와 음악이론을 전공한 '주체적이고 싶어한' 여성이었다. 그녀에게는 꿈이 많았다. 그녀는 현학적인 몽상을 즐겼으며, 자신의 지성이 고문헌이나 자신이 쓴 논문의 문장과 도킹할 때면 한없는 희열을 느끼는 신여성의 정서를 가진 사람이었다.

그녀에게는 그녀를 넓게 품어줄 바다 같은 사람이 필요했을 것이다. 그녀의 말을 들어줄 수 있는 사람, 그녀를 공감해줄 수 있는 사람, 그녀의 지적 감각과 완벽한 하모니를 이루는 사람, 그리고 유미주의적 쾌락을 이해해주는 사람을 말이다. 감각이 뛰어나고 권위와 자본을 겸비한 사람들로 이루어진 사회…. 어머니는 아마 그런 세계를 필요로 했는지 모른다.

—

그녀는 거대한 에너지를 품은 채 그것을 발산하지 못하고, 삶의 표면만을 피상적으로 더듬으며 살아가는 여인이었다. 그녀의 관심사는 우리가 흔히 말하는 '회사 일'이나 '사회 생활'에 있지 않았기 때문에, '82년생 김지영'조차 될 수 없었다. 마치 문화의 향기를 맡는 맹인처럼 모든 것을 몸으로 겪어내며 살아갔다.

그녀는 꿈과 현실 사이를 결코 메울 수 없을 만큼 괴리되어 있었고, 천재성은 부족했다. 언제나 과도한 몽상 속에 있었다. 이런 것들이 그녀를 정신적으로 혼란하게 했고 생활의 끄트머리로 내몰았다. 그녀는 늘 어딘가에 내리꽂힌 사람 같았다. 그리고 지구 표면을 엉금엉금 기어가는 것처럼 살아갔다. 1966년 딸 많은 집의 맏딸로 태어나, 평범한 여성성과 약간의 초월적인 의지를 지닌 그녀에게 사회와 제도의 무게란 그런 것이었다.

내가 없었더라면 그녀는 그런 세상을 가질 수 있었을까? 가능성이 조금 더 높아졌을지는 모르지만 꼭 그러리라는 확신은 없다. 왜냐하면 그녀는 태생적으로 도전정신이 부족한 사람이었기 때문이다.

대학원 석사학위까지 받은 그녀는 저항하기에는 너무 해방되어 있었고 만족하기에는 꿈이 너무 컸다. 모르긴 해도 그녀는 세상을 어딘가 우습게 여기는 구석이 있었던 것 같다. 결국 그녀는 자신이 우습게 여기던 그 현실에 의해 무너지는 대가를 혹독하게 치렀다. 그러나 그것은 여성해방이나 페미니즘 담론만으로는 결코 해결할 수 없는 것이었다. 그래서 그녀는 끝내 하나의 난해한 인격으로만 남을 수밖에 없었다.

그녀는 모든 것에 떨떠름한 불만을 품었고, 자신과 진정으로 맞는 영혼을 끝내 찾지 못했다. 불행은 그렇게 그녀를 향해 입을 벌리고 있었다.

그녀는 그 입이 무서워서 나를 때렸다. 몽상적인 학구열과 예술에 대한 재능을 고스란히 물려받은 나는, 그녀와 같은 운명에 처하기 싫어서 강해지려고 노력했다. 강해진다는 것이 무엇인지도 모르면서 무작정 강해지려고 했다.

여하간 나는 어머니에게 나의 전 생을 빚지고 있다. 그녀는 관악산 옆의 남루한 아파트에서 나를 낳았다. 어린 나의 몸은 닳아가는 여성성만큼이나 강했다. 흉터 투성이의 몸으로도 나는 생을 감각했다. 나는 내 안에서 피어오르는 사랑, 시간과 공간, 바람과 땅, 모래와 하늘, 돌과 새에 대한 감정을 느끼며 살았다.

우리 아파트는 숲 속에 있었다. 눈이 오면 단지가 통째로 고립되거나 수도관이 동파되는 일은 예사였다. 대신 베란다 창 밖으로는 바로 산이 보였고, 창문을 열면 햇빛과 바람이 동시에 쏟아져 들어왔다. 집 밖으로 나와 1분만 걸으면 산길에 닿을 수 있었다. 꿩 소리가 들려오면 아버지는 꿩소리를 냈다. 그 소리는 민망할 만큼 꿩과 똑같아서 웃지 않을 수 없었다.

아파트 화단에는 이름 모를 아름다운 잡초들이 가득했고, 산길로 접어들면 앉아서 쉬기 좋은 보도블록 계단이 나왔다. 나는 그 옆에 있는 작은 침엽수를 '나의 나무'라고 부르곤 했다. 그 나무의 잎은 실촉수처럼 가늘었고, 가지들은 그 가벼운 잎의 무게조차 감당할 의지 없이 삐죽삐죽 옆으로 자란 채 끝을 늘어뜨리고 있었다.

당신의 몸으로 나에게 정신을 선물하고, 당신의 의지로 나에게 유년을 선물한 어머니는 멀리 일을 하러 다녔다. 엘리트들이 하는 일이긴 했지만 음악교육계의 생리 상 그다지 비전이 있는 일은 아니었다. 사회적으로 활발해야 하는 일도 아니었다. 같은 길을 걷게 될 후배들을 뒤에 잔뜩 두고 어렵게 차지한 자리를 그저 무사히 지켜내면 되는 일이었다.

세련된 옷에 관심이 많았던 어머니는 사선으로 여미는 긴 치마를 즐겨 입었다. 분 냄새 나는 화려한 어머니가 돌아오기 전까지 동네는 온전히 나의 것이었다. 하지만 나는 몰랐다. 나에게 주어진 나만의 시간이 어머니에게는 불안과 광기의 시간이었다는 것을. 그리고 그때도 지금도, 어머니의 삶이 그녀만의 그림자 속에서 여전히 약동하고 있다는 것을 나는 미처 모르고 있었다.

유신의 향로 속, 재가 된 청춘

아버지에게 죄가 있다면 그것은 너무 착했다는 것이다. 착한 것이 반드시 좋은 것만은 아니다. '착하다'는 것은 때때로 지나치게 순응적이거나, 지적으로 무디다는 인상을 줄 수 있다. 착한 이들은 그 착함의 미덕만으로는 도저히 해결할 수 없는 문제들을 영원히 방치하기도 하고, 협잡꾼에게 악행의 여지를 주고도 태연할 수 있다. 결국 착하다는 것은 악함이나 불합리함, 부조리함 앞에서 이중성이 극대화되는 속성을 지닌다.

그들은 자신이 꼭 해야 하는 저항조차 실천하지 못하거나 그 변화를 유예하곤 한다. 무의식적으로 그 강력한 저항을 '악'이라고 간주하기 때문이다. 물론 착한 사람은 얼마 안 되는 근거만으로도 매우 예리하고 깊이 있는 분노를 품을 수 있는 역량을 타고난다. 그러나 그 분노는 대개 타인에게 공감받기 어렵고, 대중을 설득하기에는 너무 힘이 약하다. 또는 그 순수함 때문에 완전히 탈정치적인 성격을 띠기도 한다. 그래서 착한 사람의 분노는 타인을 해방시키기보다, 자신을 먼저 해방시켜버리는 맹점이 있다.

나는 나의 아버지가 누구보다 착한 사람이라고 자신할 수 있다. 내가 그의 딸이어서가 아니다. 그는 '지나치게 치열한 것'—이를 테면 강한 이들이 한계를 즐기거나 그것을 뛰어넘고 지배하려는 태도—에조차 연민을 느끼는 대단히 목가적이고 평화주의적인 사람이다. 그럼에도 불구하고 그는 수많은 분노를 토해냈다. 그의 분노는 주로 착한 이들의 정신을 조종하거나 인격을 착취하는 거악(巨惡)에 대한 분노에서 비롯되었다.

그는 위선에 매우 민감하다. 위선자들이 어느 정도로 위선적인지를 서열로 나눌 수 있을 정도다. 그는 정치적으로 중요한 시기에는 무기력하지 않을 만큼의 분노를 품고, 국민의 한 사람으로서 권리를 행사할 준비도 되어 있다. 그러나 그의 이러한 역량은 공동체주의적인 동시에 극도로 내밀하고 개인적인 층위에 머무를 수밖에 없었다. 그래서 대중을 설득하는 언어로는 번역되지 않는다. 그리고 굳이 원하지도 않는다.

나의 어머니가 도전적이지 못했다면, 아버지는 투쟁적이지 못했다. 그리고 세상은 그에게 정치 투쟁 같은 것을 요구하지도 않았다. 그보다 훨씬 더 어려운, 돈과의 싸움을 요구 받았다. 그는 수도자처럼 세상에서 가장 선한 영혼을 지닌 채, 세상에서 가장 더러운 도가니 속으로 내던져졌다. 그것이 어쩌면 운명이 그에게 베푼 마지막 자비였는지도 모르겠다.

그는 공평무사하고 정의로운 사람이었다. 스스로 정치에 무심했던 자신의 과거를 '철 없던 아저씨'였다고 회상하곤 한다. 그는 가문이 조성한 환경 속에서 세상을 바라본 자신을 경멸하거나 후회하지는 않았지만, 그 안에서 자신의 한계를 느끼고는 했다.

나는 그에게 차라리 사법고시에 일찍 합격했더라면 당

신은 혁명가가 되었을 것이라고 말했다. 그도 대체로 동의한다. 그는 불의가 눈에 들어오면 참지 못하는 사람이다. 아마 판사나 검사가 되어 법조계의 모순을 목격했다면, 원칙적으로 사건을 파고들었을 것이다. 그러다 보면 자연스럽게 검언유착의 구조를 파악하고, 법 앞에 만인이 평등하지 않다는 사실을 깨닫지 않았을까. 한국 사회의 사법 체계 전반에 대해 총체적이면서도 기저를 꿰뚫는 비판을 했을 가능성이 크다.

하지만 그는 오랫동안 개인의 불운과 가문의 몰락을 경험하면서 '과거의 후광을 간직한 도련님'으로 남아 있어야 했다. 세상을 볼 기회를 잃은 채 사법고시에 열 번 넘게 낙방했다. 이후에는 사회 생활을 시도해볼 여력조차 없이 집안의 빚을 떠안게 되었다. 그렇게 그는 철저하게 소시민의 입장에서 정치를 바라볼 수밖에 없었다.

그럼에도 불구하고 그는 결국 스스로 알을 깨고 나왔다. 자신만의 방식으로, 온전히 자신의 힘으로 세상을 보는 법을 배웠다. 그는 노무현을 민주주의자라 생각하게 되었고, 단지 아버지의 후배라는 이유만으로 이회창 후보에게 투표했던 과거의 자신을 가볍게 비판한다. 하지만 나는 그의 비관을 단죄해야 할 어떤 것으로 생각하지 않는다. 불의에는 원칙적으로 반응하지만 평상시에는 온순하기 그지없는 그의 성정이 빚은 한계이자 귀결일 뿐이다.

그는 마치 태양계를 안개처럼 감싸고 있는 오르트 구름처럼 인생을 돌고 돌았다. 욕심이 없는 그와는 달리, 욕망으로 가득 찬 친척들의 따가운 시선과 어머니, 여동생, 누나, 딸, 아내, 아들 그리고 빚더미 사이에서 그는 자기장 속을 공전하는 삶을 살았다.

그것은 그저 적당히 생산적인 소시민의 루틴이 아니었다. 가문에 깊게 각인된 한 시대—굳이 말하자면 유신 시대—의 향로 속에서, 그의 청춘과 순수한 마음이 재처럼 태워졌다. 그는 사회적으로는 아기처럼 연약한 상태에서 누군가를 돌보고 달래고 때로는 누군가에게 빌어가며 살아야만 했다.

역사는 끝나지 않은 재판

나는 아버지에게 할아버지가 나쁜 사람이었느냐고 물은 적이 있다. 그 질문을 할 때 그는 잠시 슬퍼 보였다. 그렇다고도, 그렇지 않다고도 쉽게 말하지 못하는 눈빛이었다.

하지만 그의 침묵은 단순히 가치판단을 유예하는 것이 아니었다. 그것은 자신이 기억하는 '가장으로서의 아버지'와, 역사가 평가한 '공적 인물로서의 아버지' 사이의 괴리를 이해해보려는 노력의 흔적이었다. 나는 아버지의 그런 사정을 미처 헤아리지 못한 채, 설익은 이분법의 정의감으로 잔

인한 질문을 던지고 있었다. 아버지는 대답했다.

"보기에 따라 달라질 수 있지만, 적어도 내가 아는 나의 아버지는 악인은 아니었어."

질문의 초점을 '관념'에서 '경험'으로 돌렸다. 나는 한 인간으로서 그의 태도를 이해할 수 있었다. 그리고 그런 그에게 동조하고 있는 내 자신을 부정할 수 없다는 사실도 깨달았다. 되려 내 안에 있던 '할아버지를 탄핵해야 한다는 의무감'이 나를 더 부끄럽게 했다.

―

나의 할아버지는 '유신 판사'였다. 그는 당시 박정희와 독대를 하는 사이였고 수많은 군법 재판을 맡았다. 그는 유신 시대 공안 통치의 실무자였던 김기춘이 '선별해서 가져다 준' 자료만을 토대로 판결을 내려야 하는 처지였다. 그는 '문세광 사건'―육영수 피격 사건으로 사형이 언도되고, 127일 만에 집행된 사건―의 주심판사였으며, 유신 정권의 대표적인 공안 조작 사건인 '인혁당'과 '민청학련 사건' 재판에 관여했다고 알려져 있다.

내가 이 사실을 고등학생 때 처음 알았을 때 적잖은 충격을 받았다. 그때 내 안의 정의감은 활발하게 작동하고 있었다. 정의감이라는 게 으레 그렇듯 나 역시 누군가를 비난하거나 단죄해야만 마음이 편했다.

문제는 그 대상이 나의 할아버지라는 것이었다. 그때 나는 우리 가문을 대신하여 사회에 무언가를 갚고 대속해야 한다는 생각이 들었다. 그 생각은 얼핏 선해 보였지만, 돌이켜보면 '도덕적 순결성'에 대한 집착이기도 했다. 동시에 출신지와 자신을 분리하려는 일종의 자의식이기도 했다. 나는 혼자 깨끗해지고 싶었던 것이다. 깨끗해진다는 것은 곧, 역사가 죄라고 명명한 것으로부터 멀어지는 것이라는 점에서 그 욕망은 결국 '의로움'을 향한 욕망이었다.

나는 아버지가 지고 있는 오르트 구름 같은 '선'과, 그 선을 조용히 감싸안은 채 존재해야 했던 그의 가정, 그리고 그 가정의 존립을 위해 내려져야 했던 '판결들' 사이의 역학 관계를 생각하지 않을 수 없었다.

영광의 뒷면, 침묵의 유산

할아버지의 처가는 전두환 부부의 종이었다. 나의 작은 이모할머니는 이순자 여사의 맞춤 한복을 담당하던 의상실을 운영했다. 지금은 서울의 어느 목 좋은 땅에서 살고 있다. 또 큰이모할머니의 남편은 전두환 자녀의 스승이었다.

이 두 여인은 깐깐하고 옹골찼다. 큰이모할머니는 화강암보다 밀도 높은 돌을 깎아낸 뒤 흰색으로 칠하고 그 위에 올림머리 가발을 씌운 듯한, 빈틈이라고는 찾아볼 수 없는 여인이었다. 그녀는 쏘아보는 듯한 작은 눈과 누구도 올려

보지 않으리라는 결의가 담긴 종잇장 같은 입술, 그리고 의외로 복스러운 코와 풍성한 머리카락을 가지고 있었다. 무엇보다 그녀에게서는 살기 비슷한 것이 느껴졌다. 검은자위는 윗눈꺼풀의 짙은 음영을 뚫고 나왔고, 사방으로 복수심을 뻗어내는 듯했다. 과도하리만치 절도 있는 행동은 오히려 그것을 감추려는 오컬트 의식 같기도 했다.

작은이모할머니는 항상 놀란 듯 촉촉하게 젖은 커다란 눈을 하고 있었다. 그녀는 항상 어딘가를 살피는 듯했고, 광기와 상승 욕구, 끝을 알 수 없는 냉정함이 깃들어 있었다. 비정한 행동으로 귀결되는 차가운 마음과 지략가적인 기질, 그리고 타인을 향한 경멸의 눈빛과 가진 것을 놓지 않으려는 불타는 욕구가 그 속에 한데 녹아 있었다.

그녀는 언제나 턱을 빳빳이 들고 새까만 머리를 빈틈없이 손질했다. 가슴을 내밀고 척추를 반듯하게 세운 채 엉덩이를 약간 뒤로 뺀 자세로 성큼성큼 걸어다녔다. 늙었지만 풍만한 몸의 굴곡을 자랑했다. 그녀는 검은색이나 화려한 색의 정장을 즐겨 입었다. 옷에는 언제나 비즈나 브로치 같은 빛나는 장신구가 달려 있었다.

이 두 이모할머니는 비밀이 많았다. 그리고 누구에게도

말하지 않은 욕망을 품고 있는 듯했다. 그들의 몸가짐은 겉보기에도 절도가 있었지만 그것은 무언가를 은닉하려는 절도처럼 보였다. 그들은 영혼을 은닉하는 데 능숙했다. 그리고 욕망이 간헐천처럼 솟아오를 때 행동으로 응답할 줄 아는 사람들이었다.

반면 나의 할머니는 그들과 너무 달랐다. 생김새도 성정도 생각하는 방식도 전혀 달랐다. 그녀는 베풀기를 좋아하고 손도 컸다. 자신이 아는 사람이라면 지위고하를 막론하고 '좋은 것'으로 대접했다. 예컨대 소고기라면 한우를, 떡이라면 방앗간에서 만든 것을, 김치라면 손수 담근 김치를, 곰탕이라면 초탕·재탕·삼탕을 섞은 것을 내주어야 했다. 그녀는 가진 것과 만든 것을 나눠주면서 행복해했다.

할머니는 현세적이면서도 허심탄회한 사람이었다. 카랑카랑한 목소리에 야무진 살림 능력을 갖춘, 이화여대 영문과를 졸업한 엘리트 여성이었다. 말년에는 혼미한 정신으로 "박마리아 선생은 잘 계시냐"고 나에게 묻기도 했다. 오래전 작고한 1930년대 여성운동가 김활란과 박마리아의 안부를 어린 나에게 묻던 그녀는, 잠깐이나마 젊은 시절로 돌아갔던 것 같다.

그녀는 모든 것을 정답게 만드는 재주가 있었다. 시간이건 음식이건 가족이건, 고용인과 피고용인의 관계까지 그녀의 손이 닿기만 하면 활기가 띠고 건강해졌다. 마치 생명을 잉태하는 숲처럼 그녀는 특유의 생명력으로 무언가를 만들어냈다. 실패를 해도 다시 일어섰다. 그녀에게 포기나 굴복은 애초에 존재하지도 않았다.

―

할아버지는 전두환 집권 이후 한직으로 밀려났다. 결국 법원을 나와서 법무법인을 차렸지만, 어느 날 사무실에서 뇌졸중으로 쓰러지면서 와병 생활을 시작했다. 할머니는 그런 할아버지를 지치지 않고 간호했다.

하지만 엎친 데 덮친 격이었다. 할아버지가 일군 거대한 가문을 열정적으로 지켜내던 강인한 안주인에게 문민정부 출범과 IMF라는 시련이 닥치고 말았다.

완공을 앞둔 빌딩과 금싸라기 땅, 폭등할 거라 믿었던 주식은 하루아침에 빚더미로 되돌아왔다. 그녀의 손으로는 더 이상 시대의 흐름을 되돌릴 수 없었다. '투자'는 이제 '투기'가 되어 있었다.

한편, 잘나가던 판사의 뒤를 이을 것으로 촉망 받던 나의 아버지는 사법고시에서 번번이 떨어졌다. 아버지의 친구들은 이미 사법연수원에 들어가거나 법조인이 되어 계층 이동에 성공한 삶을 살고 있었다. 아버지는 이제 그들의 안줏거리조차 되지 못한 채 삶의 궤도는 그들과 점점 멀어져만 갔다.

나는 두 이모할머니를 보면서 권력자의 움직임이란 본래 지극히 사적이고 자극적인 것이라고 생각했다. 마치 복덕방 언니 동생의 이야기처럼 말이다.

모든 사람의 일상은 대체로 비슷하다. 다만 그들은 한 명의 백성에게서 우주를 발견하기보다는 자신들의 우주 안에서 백성이 어떻게 정렬되었는가에만 관심을 두었다. 그들만의 네트워크 안에서는 형제애나 가족애를 보일지 몰라도, 집단에 대한 사랑이나 배려 따위는 없다. 그들의 공동 프로젝트는 '백성으로 그림 그리기'였기 때문이다.

할머니는 기형적인 투자 행위를 멈추지 못했다. 결국 저택을 팔고 서울 근교로 이사해야 했다. 그녀의 말년은 고독했고 또 고독했다. 마치 시대가 내린 형벌 같았다. 가족들은 여과 없는 말로 할머니를 비난했지만, 나는 그들에게 동조하지 않았다. 할머니를 비판하지도 않았다. 다만 마음속으로 되뇔 뿐이었다.

'누가 그녀에게 돌을 던질 수 있을까?'

'당신들은 그녀보다 정말 선하고, 정말 그녀보다 우월했을까?'

답은 언제나 같았다.

'아니요.'

균열

할아버지는, 큰아들 그러니까 나의 큰아버지가 '외탁했다'는 말을 가끔 흘렸다고 한다. 그리고 당신의 처가에 대해서는 모종의 환멸을 느낀다며 아버지에게 털어놓곤 했다. 아마도 당신이 생전에 좋아하던 코냑이나 위스키를 한잔하며 말했을 것이다.

큰아버지는 무척 탐욕스러운 사람이었다. 우람한 풍채에 부리부리한 눈, 그리고 호랑이처럼 솟은 길고 새까만 눈썹과 주먹코를 가지고 있었다. 입은 조금 튀어나와 있었다.

혈색은 지나치게 좋았다. 얼굴 전체에는 홍조가 퍼져 있었고 언제나 세상을 향해 덤빌 듯한 저돌적인 표정을 하고 있었다.

어느 날이었다. 나는 아직 2차 성징이 오지 않아 깡마른 팔다리와 좁은 골반, 가슴보다 배가 더 나온 어린아이였다. 아버지와 어머니, 나와 동생이 할머니의 저택에 도착하자마자 그는 문 앞에서 우리를 막아서고는 고래고래 소리를 질러댔다.

"네 애비가 어떤 새낀지 알아? 내 말 잘 들어. 네 애비는 사기꾼이야!"

그는 어머니를 향해서도 욕설을 퍼부었다.

"당장 꺼져, 이 쌍년아!"

아버지는 차를 대기 위해 잠시 밖에 나가 있었으므로 초기 상황을 파악하지 못했다. 곧이어 올라온 아버지가 "애들 보는 앞에서 이게 뭐 하는 짓이냐"며 형을 말렸지만 큰아버지는 아버지에게도 알아들을 수 없을 정도로 빠르게 욕설을 퍼부었다. 그리고 나를 노려보며 소리 질렀다.

"내 말 똑바로 들어. 네 애비는 사기꾼이야! 집안 돈 다 가져갔어! 네 애비는 사기꾼이라고!"

그의 말은 나에게 구체적인 내용을 담은 발화라기보다는 하나의 충격적인 파동처럼 들렸다. 형체가 없는 파동이었다. 그것은 방사선처럼 소리도 통증도 없이 몸을 뚫고 들어와 세포를 해체하고서는, 뼈와 살과 내장을 관통하여 등 뒤로 빠져나갔다. 그 파동이 머문 공간은 쩌렁쩌렁하게 울렸다. 마치 분노의 신이 그에게 빙의되어 춤을 추고 있는 것 같았다. 이유를 알 수 없는 적란운 같은 분노 앞에서 나는 아무 생각도 할 수 없었다.

어머니와 동생은 울기 시작했다. 아버지는 식솔을 이끌고 저택을 빠져나와 다시 차로 돌아갔다. 그날 현관에서 있었던 일에 대해 아버지는 한참을 침묵했지만 오래도록 억울해했다.

"나는 자식 앞에서 부끄럽지 않은 삶을 살려고 했어. 사기꾼이라는 말을 듣고 네가 정말 그렇게 믿을까 봐 두려웠단다."

아버지는 나를 아무것도 모르는 아이로 키우고 싶었다고 했다. 그러나 큰아버지의 난동 이후, 아버지는 자신이 사기꾼이 아니라는 것을 증명하기 위해서라도 나에게 가문의 모든 이야기를 들려줄 수밖에 없었다고 했다. 나는 아버지에게 말했다.

"내가 바보도 아닌데, 그 난리법석에 아빠가 사기꾼이라고 믿었겠어?"

하지만 아버지는 신뢰야말로 삶에서 가장 중요한 가치라고 못박았다.

아버지에 대한 나의 모든 이야기는 당대 명판사라 불리던—그러나 훗날 역사가 '유신 판사'라고 평가한—수재이자 권력자의 둘째아들을 바라본 기록이기도 하다. 그는 정치에 관심도 없었고, 군대에도 가지 못하고 집안의 기대를 짊어진 채 살아갔다.

대학을 졸업하고도 10년 가까이 '학생'으로 남아 사법고시를 준비했지만 결국 포기했다. 포기하자마자 집안의 빚을 모두 떠안고 사회에 발을 들여야 했다. 그는 낭인 아닌 낭인이었다. 늘 일하며 공부했지만 세상을 향한 시선은 여전히 나이브했다. 하지만 그의 영혼은 어린 왕자보다도 순수했다.

그는 누구보다 초라해졌다고 자평했지만, 나에게 그의 삶은 여전히 고귀하다. 그의 말과 생각 속에는 놀라우리 만큼 깊은 통찰이 살아 숨 쉰다. 또한 가장 인간적인 것을 동경해온 여정 속에는 그가 마주한 비애도 함께 녹아 있다.

    나는 그를 '정령'이라 부른다. 그는 세상을 떠돌아다니는 맑은 영혼이다. 나는 그의 투명한 손으로 길러졌다. 그런 의미에서 나는 영혼의 딸이고, 가문의 딸이며, 당대사의 증언자이자 시대의 딸이다.

원칙의 사람

아버지는 서울대 법과대학 83학번이다. 이름만 대면 알 만한 기라성 같은 정치인들과 동기이거나 선후배 사이다. 대학 시절의 아버지는 친구들이 "시위에 나가자"는 말에 몇 번 따라나서기도 했지만 큰 흥미를 느끼지는 못했다. 그는 언제나 그들은 왜, 무엇을 위해 잔뜩 화나 있고 화염병을 던지며 돌팔매질을 하는지 궁금했다. 그러나 그 물음에 만족스러운 답을 주는 사람은 좀처럼 찾을 수 없었다.

아버지는 아마 학생회 같은 커뮤니티와는 멀리 있었을

가능성이 높다. 동료들은 추상적인 이념에 투철했지만 아버지는 그렇지 못했다. 그는 점점 그들과 거리감을 느꼈다. 마치 자신만 덩그러니 골목길에 놓인 돌멩이처럼 시대의 열정과 동떨어져 있다고 느꼈다. 슬프지는 않지만 약간 외롭고, 그렇다고 외롭다고 단정 짓기엔 모호한 그런 감각이었을 것이다.

그는 사람을 좋아했고 장난기가 많았다. 시원한 바람과 따스한 햇살, 세상의 모든 양(陽)의 기운을 좋아했다. 그에게는 음기가 없었다. 물론 따스한 돌봄의 성정을 타고났지만, 그것은 자궁 안에서의 돌봄이 아니라, 자궁 밖으로 나온 깨끗한 존재에 대한 무한한 경외심과 신비 체험에 가까운 사랑이었다.

그는 한 생명이 하나의 새로운 우주라는 직관을 가지고 있었다. 그리고 생명이란 시간의 블랙홀로 빨려들어갔던 모든 것이 재구조화되어 새 서사를 낳는 화이트홀과 같다는 신성함을 품고 있었다. 그래서 그는 사랑하고 보호할 자격이 있는 사람이었다.

그런 그가 당대의 시대정신을 몸에 새기고 사회과학 서적을 읽으며, 학생회나 방송부, 신문부에서 활동하고, 수업을 빠져가며 시위를 조직했다면 어땠을까? 지성인으로서 존경 받는 교수에게 자신의 시대적 고민을 성토했었다면 어땠을까? 그의 삶은 달라졌을까?

시위에 참가했건 하지 않았건, 아버지는 광주민주화운동의 진실을 알고 있었다. 그는 지역 감정에도 동화되지 않았다. 당시 전라도 출신의 한 친구가 사법고시에 목 매던 사정을 아버지에게 말했다.

"서울대를 나와도 판검사 외에는 대기업에 들어가기 어렵겠어."

아버지는 있는 그대로 그를 공감할 수 있었다. 그렇다면 왜 그는 거리에서 싸우지 않았을까? 아버지는 매우 원칙주의적인 사람이었다. 강직함을 하나의 심장처럼 간직한 사람이었다.

중고등학교 시절, 그는 단 한 번을 제외하고 항상 전교 1등을 놓치지 않았고, 성적순으로 반장을 정하던 당시에는 매년 반장을 맡았다. 그러던 고등학교 2학년 때, 아버지는 전두환 경호실장의 아들과 같은 반이 되었다. 어느 날 담임 선생님은 아버지에게 갑자기 부반장을 맡으라는 말을 한다. 반장은 경호실장의 아들이 되어야 했기 때문이다. 그 학생은 아버지보다 성적이 훨씬 낮았다.

아버지는 부반장 하기를 거부했다.

"이런 식이면 안 하겠습니다. 하려면 원칙대로 반장을 하겠습니다."

그는 반장을 하고 싶었던 것도 아니었다. 성적이 낮은 친구가 자신 위에 올라서는 게 불쾌한 것도 아니었다. 단지 원칙이 존재하고 있다면, 특권이라는 이유 하나로 그 원칙을 깰 권리는 누구에게도 없다고 생각했다. 누가 어떻게 설득해도 그는 물러서지 않았다.

아버지는 철저한 원칙주의자였지만 관념주의자는 아니었다. 그는 애초에 법을 전공하고 싶지 않았다. 법보다 실용적이고 더 직접적으로 사람을 도울 수 있는 일을 하고 싶어 했다. 그는 유엔에서 일하거나 한의사가 되는 것이 오랜 꿈이었다. 그는 왜 사회간접자본은 능동적인 자선가의 손에 들어가지 않는지 고민했다. 복지 예산은 왜 제대로 쓰이지 못하고 왜곡되는지, 그리고 경제는 왜 이토록 인간을 소모시키는 일에만 열중하는지 고민했다.

아버지는 수재였다. 하지만 이상하게 시험만 보면 떨어진다는 소리를 많이 들었다. 실제로도 그는 잘할 수 있었고

잘했지만, 그에게 있어 젊은 시절의 사법고시는 어딘가 벅찬 것이었다고 했다.

"나한테는 완벽하게 다가오지 않는 무언가였지."

어쩌면 그는 선풍기로 답안지를 채점한다는 소문이 돌 정도였던 사법고시에서, 독기 품은 이들만이 이해할 수 있는 '합격의 기운'이나 '출세의 길' 같은 것에 대한 감각을 갖고 있지 않았던 것인지도 모른다.

그 어떤 순수함이라도 그것에 승부가 걸리는 순간, 승패의 담론과 승자 사이의 감정적 연대 같은 것이 그 분야를 점령하게 된다. 그리고 그렇게 형성된 세계는 필연적으로 모순이 생기게 마련이다. 현재의 법조계 역시 그러한 결과물 중 하나일 것이다.

아버지는 당시 저항 집회 커뮤니티 안에 있었어도 환멸을 느꼈을 것이다. 아버지는 지도부와 그를 따르는 이들 사이에 계급이 존재한다는 사실을 받아들이지 못했을 가능성이 크다. 아버지의 시각에서 이념은 순수한 것이고, 이념 앞에서는 만인이 평등해야 했다. 아버지는 천주교 사제처럼 행세하며 이념과 군중의 매개자를 자처하는 이들이 과연 얼마나 순수한지, 그리고 권력으로부터 독립적인지를 분명히 따져 물었을 것이다.

—

아버지는 자신이 '예'라는 답을 확신하기 전까지는 쉽게 움직이지 않는 사람이다. 그래서 운동권 커뮤니티 안에서는 살아남지 못했을지도 모른다. 사람들은 종종 순수한 목적을 이루기 위해 위계질서가 있는 집단을 매개로 삼는다. 하지만 아버지는 그 안에서는 정작 그 목적보다 매개자들을 흠모하는 일이 벌어진다는 사실을 안타까워했다. 그는 지금도 사회에 암묵적으로 허용된 위선을 섬세하게 포착해낸다. 그 감각은 말할 수 없이 예민해서, 가끔은 듣는 내가 피곤해질 정도다.

아버지는 '자신이 뭐라도 된 듯' 행동하는 사람들을 탐탁지 않아 했다. 사회를 향한 비판은 가난한 자와 부유한 자 모두 같은 무게로 고려되어야 하며, 오직 그 정합성과 시의성에 따라 판단되어야 한다고 믿었다. 그는 '폴리페서(polifessor, 정치에 적극적으로 참여하는 현직 교수를 이르는 신조어)'들에 대해서도 비판적이었다. 이미 안정된 위치에 있다가 시민들이 분노하기 시작하면, 그제야 멋진 말로 명예를 지키는 그들의 태도를 불쾌해했다. 시민들이 그것을 신탁처럼 받아들이고 행동에 나서는 구조 자체가 문제라는 것이다. 아버지에게는 '진보 지식인'도 예외가 아니었다.

    물론 그는 전반적으로 진보 진영을 지지했다. 조국, 유시민, 문재인의 편에 서기도 했다. 하지만 그것은 이상과 현실 사이에서 타협한 것이었다. 아버지는 섬세한 정의관을 가진 사람이다. 나 역시 아버지의 정의감이 받아들여지는 시대를 꿈꾼다. 그러나 내가 정의를 말할 때는, 아버지의 입장에서는 낯설 수 있는 진영 논리의 언어를 써야 했다. 그럴 때마다 나는 고요한 정신의 수호자 같은 아버지에게 일말의 죄책감을 느낀다.

    나는 가끔 아버지가 신이 되어 모든 인간을 심판하는 상상을 한다. 문자 그대로 '아버지 하느님'을 상상하는 것이다. 물론 상상일 뿐이다. 현실은 언제나 상상보다 더 어두웠으니까.

—

    중학생 때였다. 아버지가 외가 쪽과 유선전화로 통화를 하며 말했다.

"내가 죽어서 보험금이라도 타면 속이 시원하겠냐?"

그 말 이후, 아버지가 혼자 산책을 나갈 때마다 나는 혹시 그가 죽어서 돌아오는 건 아닐까 마음 졸이며, 책상에 앉아 조용히 울었다.

아버지는 변절자에게도 비판적이었다. 아버지에게 있어 '변절자'란, 사회 계급이 상승하면서 기존의 신념을 저버리는 사람들이다. 그들은 보통 가난하고 불안정할 때는 진보를 자처하다가, 삶이 부유해지고 안정되면 보수를 자처하는 사람들이다. 아버지는 그 간사함에 슬퍼했다.

"사람들이 좀 살 만해지면, 자기도 기득권에 포함됐다고 믿고 싶어서 진보 정당을 찍다가 보수로 돌리나 봐."

그 말과 함께 아버지는 수구 정권에서 영전한 이들을 축하하는 단톡방을 나에게 보여주며 욕을 뱉어냈다.

"염병할."

그 말 속에는 무구한 청년이었던 아버지의 비애가 축적되어 있었다.

"자기가 기득권이라고 생각하면 나머지는 다 빨갱이야. 그게 어떻게 가능하지?"

그들에게 신념이란 인생의 한 시기를 장식하고 지나가

는 청춘의 도장 같은 것이었다. 아버지는 그것을 받아들이기 힘들어했다. 그는 진보 시민단체의 몇몇 지도자들이 대기업의 지원금으로 운영하거나, 정부 요직으로 진입하는 과정을 보며 실망하기도 했다. 또한 아버지는 진보 정권이 들어선 후, 그들을 비판하는 것 자체가 민주주의를 훼손하는 일이라고 여기며 분노하는 사람들을 보며 안타까워했다.

그래서 나는 아버지의 날카로운 비판을 동료들과 공유하지 않고 가슴속에 간직했다. 비록 아버지가 지엽적으로 보는 것일 수 있다 해도, 이런 통찰이 민의로 수용되는 시대가 오기를 나는 간절히 바란다. 그래야 우리가 더 인간적으로 화합할 수 있다고 믿기 때문이다.

아버지는 소년에서 청년을 거쳐 아버지가 되었고, 고시생에서 개미투자자가 되었다. 그는 자산가의 아들이자 귀공자였지만 스스로를 초라하다고 여기는 가장이 되었다. 세상은 그에게 참여할 기회를 주지 않고 풍경처럼 스쳐갔다. 그가 좋아하던 노래 〈비 오는 날의 수채화〉처럼 인생은 그렇게 지나갔다. 그는 차갑고 잔혹한 세상에서 구석진 곳에 둥지를 틀고 먹이를 물어오는 새처럼 나와 동생을 지켜냈다.

어느 날, 아버지가 나를 안으며 말했다.

"네가 태어나고 나서 나의 세상이 변했어. 이제 너의 행복보다 중요한 건 없단다."

아버지는 내가 그를 깊이 이해하기 위해 겪은 고통을 다 알지는 못할 것이다. 우리는 너무 빠르게 발전한 나라에서, 한 세대 차이만으로도 마치 다른 나라에 산 듯 전혀 다른 삶을 살았다. 그건 자연스러운 일이다. 하지만 나는 안다. 그의 처절함 속에서, 억눌린 고통과 무한한 사랑 안에서, 나는 동토의 땅에 뿌리 내린 연꽃처럼 피어났다는 사실을 말이다.

아이들과 옛 동료, 그리고 삶의 고단한 맛을 본 늙은 귀공자는 지금 '난닝구' 차림으로, 고귀했던 얼굴에 새겨진 늙음의 흔적을 내비치며 컴퓨터 앞에 앉아 있다.

덮인 풍경

어느 봄날, 그 해의 첫 햇살을 맞으며 우리 가족은 외증조할아버지의 시골집을 찾았다. 그 집은 대청과 사랑방, 부엌이 따로 있는 옛날 집이었다. 마당에는 쇠줄에 묶인 강아지 '진돌이'가 있었다.

외증조할아버지를 모시던 사촌 이모님은 몸빼 바지에 파마 머리 차림으로 분주하게 손님을 맞았다. 아마 며느리였을 것이다. 그녀는 부엌에서 커다란 냄비에 담긴 갈비찜을 소분해 내왔고, 우리는 옻칠된 긴 상에 둘러앉아 밥을 먹었다.

　가족들은 진돌이에게 남은 소뼈를 던져주었다. 진돌이는 기다렸다는 듯 달려들어 이리저리 고개를 흔들고 몸의 각도까지 정밀하게 조정해가며 뼈에 구멍이 숭숭 뚫릴 때까지 사각사각 골수를 파먹었다. 그 좁은 구멍에 남은 골수를 다 빼먹으려고 이리 뛰고 저리 뛰던 진돌이를 떠올리면 왠지 짠하다. 그에게 죽은 소의 뼛조각은 얼마나 행복하고 사랑스러운 것이었을까.

　외증조할아버지는 내가 초등학교 1학년 때 돌아가셨다. 그래서 우리는 가끔 시골집으로 내려가 외할아버지를 뵙곤 했다. 외증조할아버지는 일제강점기 만주에서 나무 사업을 했다. 그 사업으로 큰돈을 벌어 경기도와 강원도 경계의 작은 마을에 정착하여 과수원을 운영하며 학교를 세웠다. 그 학교에 다니던 아이들은 모두 무료로 교육을 받을 수 있었다. 가난한 아이건 부유한 아이건 차별은 없었다. 그 공덕으로 그는 마을 사람들에게 큰 존경을 받았다.

　그래서였을까. 그의 산소는 무척 크고 화려하게 꾸며졌다. 양지 바른 언덕 위에 두 개의 봉분이 나란히 놓여 있었다. 아래쪽엔 외증조할아버지, 위쪽엔 외증조할머니가 모셔져 있었다. 봉분 앞에는 돌 제단이 있었는데, 제단까지 가는 길에는 매끈하게 연마된 흑대리석이 깔려 있었다. 두 봉분을 잇는 길도 잘 닦여 있었다. 풀을 걷어낸 뒤 모래로 덮여 다소 미끄러웠다. 길가에는 검은빛에 가까운 단송 묘목들이 일정한 간격으로 잘 식수되어 있었다. 산소 뒤쪽을 에워싼 소나무 숲으로 햇살이 내리쬐면 나무들의 실루엣이 진주처럼 빛이 났다.

외증조할아버지 댁 마당은 넓지는 않았지만 아담한 꽃나무가 여럿 있었다. 나는 핑크색 원피스를 입고 꽃이 듬성듬성 핀 진달래 앞에서 사진을 찍었다. 나무는 컸고 나는 작았으므로, 사진 속에 찍힌 나는 개나리 덤불과 비슷한 키의 진달래보다 훨씬 작은 엄지공주처럼 나왔다. 표정은 어딘가 무척 슬퍼 보였다.

나는 갈비찜과 술잔을 주고받는 어른들의 소리를 뒤로하고 아버지와 산책을 하면서 얼핏 예감했는지도 모른다. 이 옛집이 맞게 될 비극과 내가 딛고 선 땅의 미래를 말이다.

외증조할아버지 생의 마지막 봄햇살이 유난히 따스했던 3월의 어느 날, 나는 고사리손으로 젊은 아버지의 투박한 손을 꼭 잡고 수줍게 피어난 산수유와 매화, 진달래 사이를 걸고 있었다.

    그로부터 10여 년이 흐른 뒤, 그 집은 문자 그대로 두 동강이 났다. 집 한 채가 두 가족이 소유한 땅에 걸쳐 있었기 때문이다. 잘려나간 쪽에는 뒤틀린 철근이 허공을 향해 뻗쳐 있었다. 안방 내부는 멀리서도 훤히 들여다보일 정도였다. 그 모습이 얼마나 흉물스러웠던지 훗날 누군가 임시로 콘크리트 벽을 세워 안방을 가려놓았다.

    한편, 같은 마을에는 아버지 명의의 땅이 하나 있었다. 하지만 아버지가 할머니의 보증 빚에 시달리는 동안, 이모할머니는 그 땅을 경매로 넘겨받기 위해 구청 공무원들을 매수해 용도를 변경해버렸다. 그 땅은 아직도 팔리지 않고 있다. 아마 그 땅이 팔리는 날, 아버지는 조금은 쉴 수 있을지 모르겠다.

—

    사주에는 수많은 신살(神煞)이 있다. 아버지의 사주에는 그중에서도 화개살(華蓋殺)이 네 개나 있다. 신살에는 장군이 되어 말을 타게 된다는 장성살, 귀신이 드나든다는 귀문관살, 고독하게 지내는 고란살과 공망살, 살기를 뜻하는 백

호살 등이 있다. 그중 화개살은 가장 미묘하면서도 무시할 수 없는 살이다. 화려한 것을 덮는 기운으로, 하늘로부터 내려온 빛나는 생이 한 겹 덮여 잘 보이지 않게 되는 형국이다.

가만히 보면 우리 집안은 수많은 아름다운 풍경을 품고 있었다. 하지만 그 모든 것은 권력과 돈, 어른들의 독기와 분노, 법정 싸움의 피로감으로 덮인 채 지나간 시간 속으로 사라져버렸다.

향유 대신 투쟁

　나는 어린 시절 무력하고 수동적이며 예민했다. 하지만 집안이 망하면서 싸워야 한다는 걸 직감했다. 계층 이동은 이제 끝났다. 나는 더 이상 왕가에 있지 않았다. 귀족처럼 성장한 어린 날의 그림자는 더 이상 귀족이 아닌 나를 옥죄기 시작했다. 나는 삶의 족쇄를 스스로 풀어내야 했다.

　어디로 갈지는 몰랐지만, 백 척의 막대기 위에 세운 작은 오두막집이라도 좋았다. 그 안에 들어앉아서 책을 읽고 시를 쓰며 그림을 그릴 수 있다면, 평생 그 안에서 살 수 있을 것 같았다.

어느 가을, 가족과 함께 오대산의 한 사찰을 방문했다. 당시 나는 고등학교를 휴학해야 할지 고민하던 중이었다. 잔인한 학생 사회로부터 벗어나고 싶은 마음뿐이었다. 내 곁에 있는 모든 것이 슬펐다. 바람도, 아침의 청명함도, 어스름한 푸르름도 모두 슬펐다.

그때 나는 고민하고 있었다. 세상에서 나를 격리시킬 것인가, 아니면 그 슬픈 세상 속으로 뛰어들 것인가. 나에게 세상은 마치 한번 몸을 담그면 다시는 돌아오지 못할 강처럼 위험한 매혹으로 다가왔다.

나는 정신을 차리고 보니 어린 시절에 봤던 세상과는 너무나 다른 세상 속에 놓여 있었다. 더 이상 누구도 나를 떠받들어주지 않았다. 심지어 곳곳에서 나를 비난하거나 '부적응자'라고 부르기도 했다. 어린 시절 입었던 아름다운 옷들은 기억 속에서 이미 지워졌다. 그 대신 나는 홀리스터 후드 티를 푹 뒤집어쓰고 다녔다. 그 후드 티는 나를 안전하게 보호해주는 듯했다. 후드 티를 뒤집어 쓰고, 어린 날 '영애'로서 미처 다 흘리지 못한 눈물을 세상을 향해 흘리고 있었다.

나는 알고 있었다. 예술과 시, 그리고 사유하는 정신은 언제나 귀족의 것이었다. 그들에게 허락되는 것은, 새로운 권력이 들어서더라도 단지 충성하는 것뿐이었다. 그러나 새로운 권력에 충성하는 귀족들은 '정통 귀족'이 아닌 '신흥 귀족'이었다.

이른바 '박정희의 전통'을 계승한, 정통 귀족의 DNA를 지닌 나로서는 받아들이기 힘든 일이었다. 나는 '사회 발전'이라는 명목 아래 점점 더 천박하고 난해해지는 교육 시스템이 싫었다. 나의 집안이 지닌 '귀티'를 부정할 수는 없었고, 새롭게 등장한 권력의 질서에는 영합하고 싶지 않았다. 그래서 나는 점점 더 외로워졌다. 극단적으로 외로워졌다

—

우리 가족은 기왓장에 소원을 적었다. 대부분의 기왓장에는 "우리 가족 모두 건강하게 해주세요" "올해는 소원 성취해서 돈 많이 벌게 해주세요"와 같은 문장이 적혀 있었다. 아버지도 비슷한 소원을 적었다. 그런데 나는 밑도 끝도 없이 기왓장 위에 백묵으로 "자유"라고 써버렸다. 그 단어를 본 아버지는 무척 슬퍼했다. 아버지는 그날 마치 내가 세상과 작별을 고하는 듯한 느낌을 받았다고 말했다. 아마

그 말이 맞았을지 모른다. 특히 나에게 '가족을 떠난다는 것'은 큰 의미였다.

—

나는 어머니의 학대를 언젠가는 폭로해야 한다고 생각했다. 어머니의 어둠과 손상된 여성성을 이해했다. 하지만 어머니가 나에게 가한 폭력과 학대는 단 한 번도 이해한 적도 없고, 용서한 적도 없다.

나는 철저한 심판자의 위치에서 그녀를 불쌍히 여겼다. 아버지는 그녀의 내면이 얼마나 황폐했는지 알지 못했다. 하지만 내가 기억하는 어머니는 깊은 암흑 속에서 울려 퍼지는 구타의 소리, 아니 난타의 소리 자체만 있을 뿐이다.

나는 오로지 '나'로 존재할 수만 있다면 모든 것을 버릴 자신이 있었다. 그래서 그날 뜬금없이 "자유"라는 단어를 기왓장에 쓴 것이다. 아버지는 그 단어를 보며 날개만 펼친 딸이 훨훨 날아가고 싶어하는 모습을 떠올리며 가슴으로 울었을 것이다. 향유하는 삶 대신 투쟁하고 분노하는 삶을 자처한 딸의 보이지 않는 날갯짓을 보면서 말이다.

저는 악의 딸인가요

　나는 국사 과목을 좋아했다. 고등학생 때였다. 한국현대사를 공부하던 중 인터넷으로 자료를 찾다가 검은 바탕에 박힌 할아버지의 사진을 보게 되었다. 그것은 대자보 형식의 게시물이었다. 그 게시물에는 할아버지의 얼굴과 함께 낯선 인물들의 사진이 나란히 배치되어 있었다.

　그 게시물은 유신 판사들의 사법 살인을 고발하는 내용이었다. 박정희 정권의 대표적인 간첩 조작 사건인 인혁당 사건과 민청학련 사건으로 희생된 이들의 이름이 검은 액자

아래 나열되어 있었다. 존재는 사라지고 이름만 남은 기호들이 거기에 있었다.

나는 그들의 이름을 정면으로 마주할 자신이 없었다. 나의 머릿속은 망치로 한 대 얻어맞은 기분이었다. 나의 의문은 하나뿐이었다.

'나의 할아버지가 사법 살인을 했다는 말인가?'

나는 아버지나 다른 누구에게도 그 사실을 물어볼 수 없었다. 아버지에게 묻는 순간, 내가 집안을 모독한 사람이 되는 것 같았기 때문이다. 더구나 당시 아버지는 IMF 이후 할머니의 무리한 투자와 자신의 연대보증으로 인한 빚 문제로 사방팔방 뛰어다니며 고통스러운 시간을 보내고 있었다. 나는 그런 아버지에게 어떤 짐도 지우고 싶지 않았다. 아버지가 솜을 진 나귀였다면, 나의 질문은 그 솜에 물을 붓는 격이 될 것이었다.

그 대자보를 보며 독일의 사례가 떠올랐다. 나치 정권의 2차세계대전 패전 이후, 나치의 부역자들은 당장 내일 죽어도 이상하지 않을 만큼 나이가 들었다. 하지만 독일 정부는 타국에서 도피 생활을 하는 그들을 끝까지 추적해 처벌했다. 나는 그들의 후손에게도 책임이 있다고 생각했다.

할아버지는 인혁당, 민청학련 사건의 판결에 관여한 인물이었고, 육영수 여사 암살범인 문세광 재판의 주심 판사였다. 내가 그토록 전율했던 이유는, 군부독재 시절 무고한 이들에게 사형이 수없이 선고되었을 것이기 때문이다.

사형수는 외상 없이 백조처럼 고요하게 죽는다. 나는 말 없이 모든 것을 말하고 있는 그 죽음의 행렬이 내 뒤를 따라오다가 나를 둘러싸는 환영을 보았다. 그들이 다시 흩어져 하늘로 올라가면서 서로 손을 잡고 강강술래라도 하듯 내 머리 위에서 빙빙 돌고 있었다. 정치적으로 너무 큰 사건에 연루되거나 적나라한 수사 기록을 읽었을 때, 그 이미지에 압도되어 반쪽짜리 현실을 살게 되는 것이다.

나는 화면 속 사진을 보며 내가 기억하던 할아버지를 떠올렸다. 그는 집안의 큰 어른이었고 천재였으며 자애롭고 선량한 사람이었다. 나는 할아버지 곁에서 느꼈던 사랑과 온기를 모두 추억했다. 하지만 우리 현대사의 관점에서는 할아버지는 검은 프레임 속에 자리했다.

나의 할아버지와 현대사 속의 할아버지를 통합하기 위해서 어떤 기억도, 어떤 사실도 무시해서는 안 되었다. 그 사이의 치명적인 괴리를 인정해야만 내가 사는 이 세상에 온전히 두 발을 딛고 하나의 사회적 주체로 설 수 있었다.

할아버지는 권력으로 한 생애를 살았지만, 아버지는 어느 순간 그 권력의 보호를 받을 수 없었다. 오히려 그는 연대보증의 압박과 무너져가는 집안을 대표하는 채무자로 세상의 쓴맛을 봐야 했다. 그 세상은 아버지에게는 가혹한 공기 그 자체였을 것이다.

나는 다시 묻는다.

"그렇다면 나는 악의 딸인가요?"

권력의 시간과 방식은 일상의 시간과는 다르다. 권력의 시간은 곧 역사의 시간이고, 역사의 시간은 모든 것을 기억한다. 모든 역사적 사건은 그에 얽힌 개인사와 함께 새겨진다. 아이히만의 모순, 선한 희생자들의 명예, 아직 온전히 기념되지 못한 진실을 끊임없이 쓰다듬는 일은 정치가 아니라, 어쩌면 '역사'라는 제3의 유기체가 맡은 일일지도 모른다.

보지 못한 아름다움, 보게 된 진실

한 맹인 소녀가 있었다. 헛간에서 시골 목사에게 구조된 그녀는 그의 가정 안에서 보살핌을 받으며 자랐다. 소녀에게는 특별한 능력이 있었다. 그녀는 아무것도 볼 수 없지만, 마음으로는 모든 것을 느낄 수 있었다. 바람, 들꽃, 골짜기 같은 것들을 그녀는 자신만의 심상으로 느낀 뒤 목사에게 물었다.

그녀는 단지 무엇이 보이냐고 묻지 않았다. 그녀는 그것들이 아름답냐고 물었다. 들꽃이 아름답냐, 바람이 아름답냐, 풀은, 호수는, 집은 아름답냐, 나도 아름답냐, 나는 무엇처럼 아름답냐, 꽃처럼? 풀처럼?

그녀는 아름다움에 대한 집요한 질문을 거듭하며 자신만의 미학을 만들어나갔다. 목사는 날이 갈수록 자라나는 눈 먼 이의 미학을 지지했다. 함께 눈 속에 고립되기도 하고 마차를 타고 먼 곳을 다녀오다 밤을 함께 보내기도 했다. 그러나 목사는 소녀를 한 번도 해치지 않았다. 그의 아내 역시 그를 의심하지 않았다. 오히려 정신적 사랑의 차원에서 소녀는 목사에게 사랑을 고백한다.

그녀에게는 육체적 사랑의 개념이 없었기에 그 고백은 완전히 정신적인 것이었다. 하지만 정신적인 사랑이라 해도, 품에 안길 만큼의 신뢰가 없이는 불가능한 일이다. 그녀가 목사에게 그런 사랑을 말할 수 있었던 것은 그를 전적으로 믿었기 때문이었다. 그녀에게 목사는 곧 들꽃이었고, 바람이었고, 골짜기였고, 벌레와 새소리였다.

그러던 중, 의사 친구에게서 한 통의 편지를 받는다. 소녀의 시력을 되찾게 해줄 수술법이 있다는 제안이었다. 그는 주저한다. 이미 소녀의 머릿속 세계가 현실보다 더 아름답다는 것을, 그리고 그 안에 새겨진 자신의 모습이 실제보다 훨씬 더 빛난다는 것을 알고 있었기 때문이다. 아름다움은 실재하지만, 아름다움의 기원은 내면이라는 사실을 그는 누구보다 잘 알고 있었다. 목사는 그녀가 눈을 뜰 수도 있다는 가능성에 절망한다. 그리고 참회한다. 그 참회는 인간의 몸으로 신의 시선을 가르쳤다는 죄, 소녀를 신에 가까운 존재로 만들어버렸던 오만에 대한 깨달음이었다.

소녀는 마침내 눈을 뜬다. 열병을 앓지만 수술은 성공적이었다. 깨어난 그녀는 곁을 지키던 목사에게 사랑을 말하지만, 목사는 거절한다. 이별이 다가온다. 그는 열병에 시달리는 그녀 곁을 밤새 지키며 자신의 모든 죄의식을 털어놓고 고백하며 돌본다. 그는 그것이 육체적 사랑보다 더 깊고 순수한 사랑이라는 걸 알았을 것이다.

소설 말미, 이제 성숙해진 소녀를 향해 자꾸 피어오르는 욕망 앞에서 목사는 고통받는다. 소녀는 그의 욕망을 알아채고 "저를 사랑하시나요?"라고 묻지만, 그는 끝내 그녀를 범하지 않고 보내준다.

이 이야기는 프랑스의 문호 앙드레 지드의 소설 《전원교향악》이다. 나는 이 책을 고등학생 시절 원문을 필사할 정도로 좋아했다. 집안이 무너져가는 현실 속에서도 특목고에 다닌다는 죄의식을 이 소설이 어루만져주는 듯했기 때문이다. 《전원 교향악》은 목사와 소녀, 목사의 아내, 그리고 소녀를 헛간에 버리고 목사에게 넘긴 가난한 여인 누구도 완전히 단죄하지 않는다.

내게 역사란 그런 것이었다. 우리가 처한, 우리의 정밀하고 자비로운 판단을 기다리는 역사적 과제들은 거대한 딜레마를 안고 있다. 우리는 정의를 향해 나아가야 하지만, 그 정의는 단죄나 결백을 가르는 데 머물러서는 안 된다. 우리는 모든 변수와 인간성의 발로, 개인적인 삶에서의 진정한 의도를 감안해가며 '우리에게 맞는 정의론'을 구축해야 한다.

국가의 서사도 마찬가지다. 단죄로는 완성되지 않는다. 국가와 민족의 서사에는 수많은 개인들의 신념과 신화, 소시민의 일상까지 포함되어야 한다. 정죄나 결백을 넘어선 정의론이 성취될 때, 우리는 정파적 갈등 없이 부당한 권력 행사에 대해 정당하게 저항할 수 있을 것이다.

그러던 어느 날, 나는 20대를 지나며 한 정치인의 삶을 가까이서 지켜볼 기회를 얻었다. 그에게 닥친 한 사건은 또 다른 각도에서 삶을 생각해보게 했다.

02   빛의 이음

낯선 연설, 낯선 각성

 2017년 초의 어느 날, 아버지는 나에게 낯선 한 사람이 짐승처럼 울분을 토하며 연설하는 동영상을 하나 보여주었다. 나는 그 정치인이 누군지 전혀 몰랐다. 그에게서는 정치인의 냄새도 나지 않았다. 진영을 불문하고 정치인의 피부에 흐르는 '개기름'이나 능글맞음은커녕, 오랜 세월 벼리고 벼린 감성의 칼날만이 보였다.

 그는 마치 겨울잠에서 깨어나 먹잇감을 향해 질주하는 깡마른 야수 같았다. 움푹 팬 볼과 허스키하지만 쩌렁쩌렁하게 울리는 서늘한 목소리와 꿈꾸는 듯하지만 싸움에 몰두한 듯한 묘한 눈빛을 가지고 있었다. 그리고 오늘 하루가 마지막이라 여긴 듯 온몸을 던지는 모습이었다. 그는 절규하듯 말했다.

"나는 노무현을 좋아했습니다. 나는 노무현을 사랑했습니다."

태어나 처음 본 낯선 풍경이었다. 아버지는 나에게 물었다.

"이 사람, 어때 보여?"

"괜찮은 것 같은데, 처음 보는 사람이라 잘 모르겠네."

나는 형식적으로 답했다. 하지만 내 속에서는 알 수 없는 감정의 변화가 일어났다. 설명할 수 없었고 설명하고 싶지 않았다. 다만 그 순간 마치 깊은 잠에서 깨어난 듯 세상이 조금 달라 보이는 것을 느낄 수 있었다. 내 안에 응축되어 있던 분노와 개혁의 욕구가 깨어나는 것 같았다. 삶을 덮고 있던 베일을 한 꺼풀 벗는 느낌이었다.

그 느낌은 그림이 나에게 가르쳐주었던 삶의 원리와도 비슷했다. 어린 시절의 슬픔 속에서도 품고 있던 작은 불씨 같은 사랑과 강렬한 열망이 전류처럼 온몸을 휘감았다. 나는 다시 태어나는 듯한 기분이었다.

그때 문득 민주주의를 생각했다. 정치는 나에게 언제나 멀고도 두려운 것이었다. 정치란 현실감 없이 직조된 언어의 집합이었고, 내가 가늠할 수 없는 원리로 움직이는 회색빛의 권력이었다. 정치인은 늘 안전지대에서 또 다른 안전지대로 산탄총을 난사하며 그 총소리만을 스피커로 내보내는 이들이라고 여겼다. 그들의 언어는 생명력도 절박함도 없이 공허했다.

그럼에도 불구하고 내가 민주주의를 떠올렸던 이유는, 정치와 아무 관련 없던 내가 그의 연설을 통해 내 삶 안에 숨 쉬고 있던 '현대사'를 느꼈기 때문이다. 나의 삶 역시 역사의 편린이자 총체였다.

개인의 삶과 시대는 마치 프랙털 구조처럼 유기적으로 연결되어 있다는 것을 깨달았다. 아버지가 보여준 그 동영상은 안희정 전 충남지사의 유명한 '강경 유세'였다. 내 의식의 변화는 그것에서 시작되었다. 내 안에서 산불처럼 깨어나는 시대정신을 무시하는 것이 오히려 '배임'이 되는 느낌이었다.

나는 노무현을 좋아했습니다. 나는 노무현을 존경했습니다. 노무현이 나에게 땅을 줬습니까? 돈을 줬습니까? 그냥 저는 노무현이 좋았습니다.

그러던 어느 날, 나는 학교 편의점 간이 식탁에 앉아 라면을 먹다가 우연히 벽에 붙은 포스터 하나를 발견했다. 국회의원회관에서 열릴 〈대선 잠룡들과 청년들의 만남〉이라는 행사 포스터였다. 그 행사의 연사 명단에는 동영상에서 보았던 그 정치인의 얼굴이 있었다.

그 순간 나는 내 안에 있던 어린 시절의 기억과 함께, 시대를 증언해야 한다는 책임의식을 느꼈다. 그리고 그 증언이 누군가에게는 '지지 선언'이라 불릴지라도, 그 사실이 그리 불쾌하지는 않을 것 같았다.

나는 일단 그를 만나고 싶었다. 내 생각이 옳은지 확인하고 싶었다. 그리고 그가 어떻게 생각하는지 이야기라도 듣고 싶었다.

지지 선언은 나의 증언

안희정 지사는 세 번째 연사로 나왔다. 연사가 바뀔 때마다 10분 정도의 쉬는 시간이 있었다. 그 바로 앞 순서가 끝나자 나는 행사장 밖으로 나갔다. 무조건 그를 찾아야겠다는 생각뿐이었다. 행사장과 소회의실 사이에 서 있던 경비원에게 물었다.

"안희정 지사를 보려면 어떻게 해야 되나요?"

"지금은 안 돼요."

"1분이면 돼요. 그분께 꼭 드릴 말씀이 있어요."

내가 그의 팔을 붙잡듯 매달리자, 그는 난처하다는 듯 제안을 하나 했다. 마침 지금 행사 주최 측과 연락이 닿지 않아 연사들의 동선과 의원회관 일정 조율에 곤란을 겪고 있다는 것이다. 그러고는 혹시 나에게 주최 측 번호를 아느냐고 물었다. 나는 그 말을 일종의 거래 제안으로 받아들이고 건방지게 되물었다.

"번호 알려드리면, 지사님 만나게 해주실 거예요?"

그는 포기했다는 듯 말했다.

"알겠으니까 제발 번호부터 좀 알려줘요."

나는 약속을 받아낸 뒤 주최 측 번호를 건넸고, 이후 그 옆에 서서 안희정 지사가 올 때까지 기다렸다. 얼마 후, 그는 여러 사람과 함께 소회의실에서 걸어나왔다. 그는 회의 참석자들과 악수를 나누고 있었다.

나는 그 모습을 지켜보다가 그가 내 쪽을 향해 고개를 돌린 순간 그에게 성큼성큼 걸어갔다. 그러나 나는 곧 보좌진에게 가로막히고 말았다. 그러자 지사는 수행비서에게 잠시 비켜 달라고 말하고는 내게 반가운 제스처를 하며 악수를 청해주었다.

그는 나를 지지자로 여겼는지 셀카를 찍고 싶냐고 물었

다. 나는 일단 찍고 나서 이야기를 꺼내기로 마음먹었다. 핸드폰을 다시 받아든 뒤 나는 그에게 말했다.

"드릴 말씀이 있어요. 지지 선언을 하고 싶어요."

그의 표정이 다소 진지해졌다. 그는 자초지종을 물었다. 내 말이 한 문장씩 끝날 때마다 "응"과 "어"가 섞인 독특한 억양으로 집중하며 반응했다. 그러고는 수행비서에게 명함을 건네주라고 했다. 수행비서는 자신의 명함에 적힌 연락처로 내 소개서를 보내달라고 했다.

행사가 끝난 다음 날, 수행비서로부터 홍보팀 면접을 보라는 연락과 함께 당시 홍보팀장의 번호를 전달 받았다. 나는 지지 선언을 하고 싶은 이유에 대해 쓴 글을 바로 보냈다. 이후 두 번의 면접을 거쳐 안희정 캠프의 상근 사무원이 되었다. 말 그대로 '정신 차려보니 여의도'였다. 나는 휴학을 연장하고 캠프에서 몇 달간 일을 하게 되었다.

―

9호선 국회의사당역 2번 출구로 나와 국민은행과 쌍둥이빌딩 사잇길을 따라 걷는다. 켄싱턴호텔 간판을 지나 우회전을 하면 사무실이 나온다.

지하철에서 내려 사무실까지 걷는 10분 동안 내 머릿속에는 무수한 생각이 떠올랐다. 아무리 피곤해도 발걸음은 날아갈 듯했다. 나는 처음으로 '자유'를 느꼈다. 정직하고 충직하며 적극적이어야 한다는 의무감과 열정으로 가득했다. 어떤 상황에서도 창의력을 발휘할 수 있도록 평소에는 듣지 않던 음악도 찾아 들었다.

정치 현장에서 정치 방법론을 현실로 구현하며 선거 흐름을 따라가는 일은 하나의 종합예술을 공부하는 것과 같았다. 감각의 촉은 타인에게 두되, 심지는 나 자신에게 단단히 박아두어야 했다. 그러기 위해서는 아이보다 여린 가슴과 다이아몬드처럼 강한 고집이 동시에 필요했다. 그런 사람들이 모여 한 사람을 위해 뭉치고 그를 밀어올리는 것, 그것이 정치였다.

정치는 약간 고전적인 인격도 요구하는 듯했다. 자신이 따르는 사람과 생사를 함께하며 같은 지향을 품는 충정과 플라토닉한 사랑, 그것이 있어야 했다. 나의 몸은 이미 '나'의 것이 아니라 '공공의 것'이 되었다는 자각이 생겼다. 그리고 쓰이고 굴려질 준비 상태를 언제나 유지해야 했다. 넝마가 되더라도 말이다.

나는 여의도의 출근길을 걸으며 스스로를 다시 만들어 갔다. 나에게 주어진 시간과 공간이라는 빈 도화지 위에 봉사자이자 열정이 깃든 사색가의 초상을 그려나갔다.

—

캠프 일이 끝나고 한참 후, 어느 술자리에서 한 선배가 내게 물었다.

"너는 정말 그때 지사가 문재인 후보를 이길 수 있다고 생각했니?"

나는 눈을 동그랗게 뜨며 망설임 없이 대답했다.

"네. 우리 다 그렇게 생각했잖아요?"

그 자리에서는 웃음이 터졌지만, 나는 그 믿음을 부끄러워하지 않았다. 믿었기 때문에 그렇게 일할 수 있었다. 결과가 안 좋았다고 해서 그 믿음까지 부정할 필요는 없었다.

캠프의 인원은 많지 않았다. 당시에 있었던 여러 대선 경선 캠프 중에서 아마 우리 캠프가 가장 작았거나, 작은 그룹에 속했을 것이다. 문재인 후보 다음으로 높은 지지율을 가진 제1야당의 대선 경선 후보였다는 무게감을 생각하면 믿기 어려운 규모였다.

실무자들이 직접 현장을 챙겨야 했고, 대부분은 격주로 일요일까지 출근해야 했다. 누구 하나 자기 일만 하기 어려웠다. 자기 몫을 다한 뒤에는 남의 몫까지 얼른 챙겨서 하겠다는 태도가 있어야 했다.

금기가 된 질문

　이화여대 16학번인 나는 안희정 지사의 미투 사건 이후 그의 편에 섰다. 만약 내가 조직의 내부자가 아니었다면, 아마 나도 다른 여성들처럼 그를 욕했을 것이다. 그리고 《김지은입니다》라는 책을 마치 시대의 고전처럼 여겼을지도 모른다.

　그날, 안희정 지사의 정무비서였던 그녀가 JTBC 방송에 나와 안희정 지사에게 성폭력 피해를 당했다며 미투를 했다. 나는 그녀를 믿어야 한다고 생각했다. 미투란, 제도로부터 구제받지 못한 피해자가 폐쇄적인 구조 속에서 누적된 폭력의 트라우마를 안고 사회에 마지막으로 내미는 손길이었다. 우리는 그 손을 잡아주어야 했다. 게다가 당시 JTBC는 탄핵 국면과 촛불 혁명의 기수로서 전성기를 구가하고 있었다. 나는 혼란스러웠다.

불과 2주 전만 해도 선후배들과 함께 국물 파스타를 안주 삼아 술을 마셨던 그 선배가, 갑자기 창백한 얼굴로 TV에 나와 안 지사를 고발하고 있었다. 그 모습은 나에게 인지적 마비를 불러올 만한 사건이었다.

나는 사건이 공론화된 이상 진상 규명이 먼저 있어야 한다고 생각했다. 도대체 무슨 일이 있었기에 이 지경까지 왔는지 알아야 했다. 그러나 개인의 자격으로 내가 어떻게 진상 규명을 할 수 있을까.

나는 한순간에 공중분해된 정든 조직과, 단 15분만에 온 국민 앞에서 성폭행범이 되어버린 안 지사, 그리고 선배라고 불렀던 그녀의 말들 사이에서 그저 혼란스러울 뿐이었다.

나는 양쪽 말을 다 들어야 한다고 생각했다. 갑이 을을 고소했을 때, 양쪽의 입장을 모두 듣는 것은 사건 해결의 기본이 아니던가. 그래서 나는 페이스북에 '양쪽 말을 들어보아야 한다. 안 지사는 이미 충분히 비난받고 있다'는 취지의 글을 올렸다. 그 글과 함께 에미 로섬(Emmy Rossum)의 노래 〈Wishing You Were Somehow Here Again(어찌 되었든 네가 여기 다시 있었으면 좋겠어)〉를 링크로 첨부했다. 돌아올 수 없는 그리움의 내용을 담은 이 노래는 당시 나의 심정을 고스란히 드러내주었다.

사건이 발생된 후 3일 간, 나는 거의 한 잠도 이루지 못했다. 며칠 사이에 폐인처럼 되어버린 나에게 여기저기서 사람들이 말했다.

"이제 정치에 관심 끊어."

"피해자는 괜찮아?"

"그 사람이 이렇게 가는구나."

나는 어떤 말도 할 수 없었다. 어떤 것도 확신할 수 없었기 때문이다. 한편으로는 해탈한 듯 관망하던 사람들의 태도에 분노가 치밀었다.

내가 진실에 접근하기 어려웠던 첫 번째 이유는, 그녀가 '피해자'로 이미 확정되어 있었고, 그 사실에 의문을 제기하는 것 자체가 금기처럼 여겨졌기 때문이다. 나는 묻고 싶었지만 어떤 방식으로도 물을 수가 없었다.

그 와중에 고발 사흘째 되던 날, 지사가 실종되었다는 뉴스가 보도되었다. 나는 순간 그가 자살했을지도 모른다고 생각했다. 무당의 눈에만 보인다는 화경(畵境)처럼, 목을 맨 그의 모습이 머릿속을 떠다녔다. 나는 방문을 걸어잠그고 나의 심장 소리를 들으며 떨리는 손으로 미친 듯이 그에게 전화를 걸었다. 하지만 그는 받지 않았다. 두어 시간 동안 전화를 걸어도 연결이 되지 않자, 텔레그램으로 그에게 메시지를 보냈다.

"지사님, 어디 계세요? 나쁜 생각은 하시면 안 됩니다."

약 30분 뒤 답장이 왔다.

"오냐, 미안해. 가족들과 함께 있단다."

나는 그 메시지를 그의 안부를 걱정하던 사람들에게 전달했다. 다른 말은 몰라도 "오냐"라는 두 글자에서 나는 그가 죽지 않으리라는 확신을 얻었다.

—

고발이 있은 며칠 후, 평소 김지은 씨와 가까웠던 선배에게서 전화가 왔다. 나는 그 선배에게 자초지종을 물었지만 선배는 알려줄 수 없다고 했다. 이유는 나의 페이스북 글 때문이라고 했다. '피해자를 의심하는 글이어서 너를 우리 조직에 끼워줄 수 없다'는 것이다. 또한 '우리가 파악하고 있는 내용을 다 알려줄 수도 없지만 이 사건은 성범죄가 맞다'는 것이었다. 그 선배의 말에는 어딘가 모순이 있었다.

애초에 나는 김지은 씨를 위한 조직이 있다는 이야기를 들은 적이 없었다. 참여하라는 제안도 받은 적이 없었다. 기본적인 정보도 전달받지 못했다. 그런데 갑자기 '너는 안 된다'고 말하니 도통 이해가 되지 않았다. 우리는 한 팀이 아니었던가?

뭔가 시작부터 나와 전혀 다른 방향을 바라보는 듯한 그 선배에게 모종의 배신감을 느꼈다. 나는 그간 쌓인 설움을 터뜨리듯 말했다. 알고 있다면 왜 말하지 않느냐고, 나도 알아야 판단을 할 수 있지 않느냐고, 왜 무조건 배제되어야 하느냐며 따졌다.

선배는 '2차 가해가 심각하다' '조력자의 아들이 지사 부인에게 납치될 뻔했다' '우리는 목숨을 걸고 싸우고 있다'고 말했다. 나는 그 말이 사실이라면 JTBC에 인터뷰를 하자고 제안했다. 그리고 이미 나와 상의 없이 인터뷰를 한 것이 아니냐며 쏘아붙였다.

그렇게 전화를 끊은 그날 밤, 시내버스를 타고 있을 때 선배에게 다시 전화가 왔다.

"네 페이스북 글이 뭐가 문제인지 정말 모르겠니?"

나는 정말 모르겠다고 했다.

나는 진실을 알아야겠다고 했다. 그러자 선배는 왜 그렇게까지 진실에 집착하느냐고 되물었다. 나는 말문이 막혔다. 선배는 나의 물음 자체가 피해자에게 또 다른 상처가 되며, 그것이 바로 2차 가해라는 것이었다. 논점이 달랐던 것이다. 함께였던 관계가 단층처럼 분리되는 순간이었다. 나는 결국 소리쳤다.

"강간을 했다고 하면, 팔을 어떻게 하고 다리를 어떻게 했는지 알아야 하는 게 진실 아니에요?"

시내버스 안에 있던 사람들이 일제히 나를 쳐다봤다. 나는 바로 다음 정류장에서 내려야 했다.

"너를 설득하기는 어렵겠다."

"나와의 통화, 절대 법정에서 증거로 쓰지 마세요. 다 지워주세요. 그게 제 마지막 부탁이에요."

선배는 그 점은 걱정하지 말라고 했다. 나는 양쪽 뺨을 타고 흐르는 눈물을 조용히 닦았다. 사람을 잃는다는 건 정말 힘든 일이었다. 내가 선배에게 증거로 쓰지 말라고 했던 것은, 사건 직후 그녀에게 받은 첫 번째 전화 통화 내용이었다.

"수많은 피해 사례가 있어. 거의 모든 여성 근무자가 지사한테 성폭력을 당했어. 너는 뭐 당한 거 없니?"

나는 지금은 잘 모르겠다고 했다. 그러자 그녀는 "잘 생각해봐" 하고 거듭 물었다. 거듭 생각해봐도 모르겠다고 했다. 그러자 선배는 성폭력의 기준을 가르치기 시작했다.

그 논리대로라면 나도 해당되는 일이 없지 않았다. 예를 들어 지사가 술자리에서 평소와 다른 눈빛으로 나를 본 것 같은 일이나, 엘리베이터에서 등을 두드리다 브래지어 끈 부위를 스친 일 등이 그랬다. 그런데 그 일은 지사가 아니라 누구라도 가끔 있을 수 있는 일이다. 하필 스친 순간 내가 살짝 몸을 움직였고, 지사는 당황한 듯 아무렇지 않게 손을 뗐다. 그 옆에는 사모님도 함께 있었다. 그 일이 형사처벌에 일조하는 증거가 될 수 있다고 생각하니 끔찍했다.

선배는 이 사례를 캠프 내의 구조적 폭력의 정황 증거로 써도 되냐고 물었다. 나는 그것 자체가 오히려 나의 성을 침해하는 느낌이었다. 그래서 얼버무렸던 것이다. 그런데 마지막 통화에서 그녀가 내 말을 증거로 쓰려 한다는 예감이 들어, 녹음 버튼을 누른 뒤 절대로 쓰지 않겠다는 다짐을 받아냈다.

—

훗날 '권윤지도 피해자였다. 다만 권력에 협조하려 피해자인 척하지 않았다'는 소문이 퍼졌다. 하지만 나는 안희정 지사에게 성폭력을 당한 일이 없다. 그 이후 나는 김지은 씨 쪽과 완전히 단절되었다. 언론에서는 '구조적 성폭력'이라는 말과 함께 캠프 내부 청년 구성원들의 익명 인터뷰가 이어졌다.

나와 통화했던 선배 그룹도 익명으로 JTBC와 인터뷰를 했다. 심지어 대표 인터뷰어는 남성이었다. 사람들은 '왜 성폭력을 신고하지 못하는지' '왜 2차 가해가 발생하는 구조인지'를 논하기 시작했다. 정작 나는 1차 가해의 진실에는 접근조차 할 수 없었다.

언제부터인가 나는 '지사 편에 선 자' '성폭력을 옹호하는 자'가 되어 있었다. 낙인은 나만이 아니라 침묵하고 있던 선배들에게도 찍혔다.

사건이 있은 지 세 달 후, 나는 윗선의 선배들과 신사동의 한 포차에서 재회할 일이 있었다. 선배들은 소주를 물처럼 마시며 울었다. 한 선배는 포차 앞에서 담배를 피우다가 나를 보며 물었다.

"윤지야, 미안한데 한 번만 안아보면 안 되나?"

"뭐가 미안해요? 당연히 되죠."

그는 상체만 길게 빼서 나를 안았다. 그의 어깨가 들썩였다. 나는 품 속에서 생각했다.

'그 선배들은 이것도 성추행이라고 생각할까?'

포차 안으로 다시 들어가자 다른 선배가 말했다.

"우리가 너처럼 얘기했으면 우리는 끝이야. 충남도청에 드나들던 기자만 몇 명이었는지 알아? 우리가 못한 이야기 네가 대신 해줘서 고마워."

그는 울었다. 하지만 내가 했던 말은 '양쪽 이야기를 들어야 한다'는 것뿐이었다. 그게 왜 이 사람들을 울려야 하는 걸까. 나는 당황스러웠다.

그날 안주로 나온 나가사끼 짬뽕 국물의 맛은 허망했다. 입을 벌린 홍합, 둥글게 썰려 국물에 둥둥 떠 있는 오징어,

집게발을 벌린 것도 다문 것도 아닌 꽃게가 국물 속에 반쯤 잠긴 채 나를 바라보고 있었다. 안희정 지사의 1심 판결이 세 달쯤 남은 때였다. 우리들의 시계만 멈춰 있었다.

내 안의 남성

안희정 지사는 1심 판결에서 공소사실 10개 중 9개에 대해 무죄를 선고 받았다. 주요 공소사실이 모두 무죄로 판단되었으니, 사실상 완전한 무죄 판결이나 다름없었다. 나는 판결 전부터 캠프의 몇몇 선배와 함께 서부지법 앞에서 재판 결과를 기다리고 있었다. 무죄 판결이 나오자, 우리는 서로를 껴안으며 울었다.

주변에서는 그의 지지자들과 페미니스트들 사이에서 미친 듯한 몸싸움이 벌어지고 있었다. 좁은 법원 담장 안에서 군중은 밀리고 또 밀렸다. 플랜카드와 깃발, 표어들이 꺾이고 휘어지며 바닥에 나뒹굴었다.

나는 지사가 법정을 빠져나오며 "다시 태어나겠다"는 짧은 발언을 마친 것을 들은 뒤 학교로 돌아왔다. 돌아오는 길에 페이스북을 보니, 저녁에 있을 페미니스트 시위가 조직되고 있었다. 김지은 씨를 대변하고 지지했던 여성단체 대표들과 관계자, 그 친지들이 웹자보를 공유하며 행동에 나서고 있었다.

—

안희정 사건의 1심과 2심 사이, 그 시기의 사회적 시공간은 매우 중요하다. 그때를 시작으로 페미니즘 진영이 말하는 '인권'과 그 외부에서 말하는 '인권'은 서로 다른 의미를 가지기 시작했다.

문재인 대통령 당선 이후에는 페미니즘 담론과 민주주의 담론이 별다른 경계 없이 뒤섞이며 '인권'이라는 추상적인 이름 아래 미투가 이루어졌었다. 하지만 안희정 사건 1심 이후부터 페미니즘 진영은 여성 인권(Women's rights)을 필두로 보편적 인권(Universal human rights)을 지향하며, 여성 인권의 향상이 곧 보편적 인권의 실현이라는 서사를 강조했다. 그러면서 안희정을 반드시 사법적으로 단죄해야 한다고 주장하기 시작했다.

그들은 국가 주도세력이자 보편적 인권을 실현하는 대리자로서, 그리고 인권과 인간 사이의 중재자처럼 행동했다. 특정 사건을 넘어서 사회 전반에서 인권 실현의 여부를 판단하는 심판자를 자처한 것이다. 언론은 그들의 손을 들어주었다. 사람들은 페미니즘에 동의하든 동의하지 않든, 그것을 진보의 일부로 받아들이기 시작했다.

이때부터 인권과 정치에 대한 논의는 '페미니즘 대 반페미니즘'이라는 구조로 귀결되었다. 그러면서 민심에 직접 투영되는 정치적 구조가 형성되기 시작했다.

안희정 사건의 1심과 2심 사이에는 정치적 헤게모니를 둘러싼 치열한 싸움이 있었다. 이 싸움에서 먼저 주도권을 쥔 쪽은 페미니스트들이었다. 그들이 흐름을 이끄는 동안 대다수 국민은 그 움직임조차 인식하지 못한 채 '조국 사태'에 휩쓸렸다.

바로 그 시기가, 진보 세력이 페미니즘으로 환원되고 정치적 의제가 '검찰 권력' 논쟁으로 전환되기 시작한 때다. 그

출발점에 안희정 1심 판결에 반대하는 시위가 있었고, 이어지는 2심까지 '성인지 감수성'과 '2차 가해' 같은 페미니즘 담론이 정치의 전면에 등장한 것이다.

—

   1심 판결이 있던 그날 저녁, 나는 엄마와 딸 사이만큼이나 친하게 지내던 교수님이 1심 판결 반대 시위 현장에서 찍은 사진을 SNS에 올린 것을 보게 되었다. 그 순간 나는 그녀를 잃을지도 모른다는 위기감에 다시 서부지법으로 가는 버스에 올라타야 했다. 나는 이념 때문에 사람을 잃고 싶지 않았다.

   법원 앞에 도착했을 때 시위대는 이미 해산한 뒤였다. 언론에서는 시위를 다룬 기사들이 쏟아지고 있었다. 현장을 정리하던 관계자에게 시위하던 분들 중 찾고 싶은 사람이 있다고 묻자, 근처 횟집에서 뒷풀이가 열리고 있다고 알려주었다.

   나는 곧장 횟집으로 뛰어들어갔다. 미친 듯이 그녀를 찾았다. 그러나 그녀는 없었다. 1층에도, 2층에도 그녀는 없었다. 그녀만 빼고 모두가 다 있었다. 기라성 같은 여성단체

대표들이 모여 있었다. 회는 아직 나오지 않았고 테이블마다 밑반찬을 집어먹으며 대화를 나누고 있었다. 나는 그들과 어색하게 눈을 마주치고는 횟집을 빠져나왔다. 그 몇 초간의 정적 속에서 온갖 감정이 교차했다. 기쁨과 슬픔이 수직으로 엇갈렸다. 무죄를 얻었지만 마음 깊이 사랑했던 여인을 잃은 것이다.

그녀와는 정말 가까운 사이였다. 그녀는 종종 나에게 말했다.

"네가 남학생이 아니라서 천만다행이야. 남학생이었으면 학교가 뒤집어졌을걸? 물론 남학생하고는 아예 이렇게 가까운 사이가 되지도 않았겠지만."

일리 있는 말이었다. 우리는 일주일에 두 번씩 강의가 끝난 후, 강의동 뒤란에 앉아 함께 담배를 피우고 저녁을 먹거나 술을 마셨다. 그녀는 술을 한잔 마시면 속에 묻어둔 이야기를 쏟아냈다. 그 이야기 속에는 그녀의 치열한 삶과 끊임없는 사유의 흔적이 담겨 있었다.

마치 M.C. 에셔의 작품 〈천사와 악마〉처럼 희비가 교차하던 초가을 저녁이었다. 나는 그날 의외로 편하게 잠이 들었다. 그녀를 잃은 슬픔이 무죄 판결의 기쁨보다 작았던 것이었을까? 설령 더 컸다고 하더라도 그것은 나의 무의식의 깊은 곳에 숨어 있었을 것이다. 만약 무죄 판결의 기쁨이 내 안의 남성성을, 상실감이 내 안의 여성성을 대표하는 것이라면 그날의 나는 남자였다.

진리의 이름으로 강요된 언어

프랑스의 문호 알베르 카뮈는 "좋은 작가란 자신이 생각하는 대로 남들도 그렇게 생각하게 만드는 자"라고 했다. 아마 안희정 사건 1심과 2심 사이, 페미니스트들도 비슷한 욕망을 품지 않았을까. 자신들이 말하는 대로 사람들이 생각하기를 바랐을 것이다.

그들은 '성인지 감수성'과 '2차 가해', 그리고 '위력'이라는 담론을 들고 나왔다. 그것이 법 해석에 반영되기를 강력하게 주장했다. 그것이 곧 보편적 인권이자 진리의 형상이라고 말했다. 물론 한번쯤 자신의 주장을 내세워본 이라면 어느 정도 그러한 욕망을 품는다. 하지만 그것이 실제로 실현되어 정치적 힘으로 작동하는 경우는 극히 드물다. 그럼에도 불구하고 대한민국의 페미니즘 진영은 '낙타가 바늘구멍을 통과'하는 그 확률을 뚫고 해냈다. 심리 조종의 극한이 정치적 혼란과 맞닿으면서 사회 변화의 패러다임 전환을 일으킨 것이다.

우리 팀은 1심에서 무죄를 받은 후 잠시 안도했었다. 하지만 '페미니즘의 심장'인 이화여대에 다니던 나는 생각이 달랐다. 판결은 법리적으로 죄의 유무를 판단하는 것이지만, 페미니스트들은 그 '법리 해석의 관점' 자체를 바꾸려 했기 때문이다. 유무죄는 충분히 뒤집힐 수 있는 상황이었다.

그들은 판사에게 안경 하나를 강제로 씌우고 있었다. 특히 '위력'의 개념이 그랬다. 위력이 존재한다면, 그래서 그것이 곧 행사되는 논리라면, 안 지사는 무조건 성범죄자가 될 수밖에 없었다.

나는 낯선 페미니즘의 언어가 시대의 전면으로 떠오르는 것을 심상치 않게 지켜보고 있었다. 그 언어는 '법적 원칙'과 '상식적 결론'을 압도하면서 전례 없는 파장을 만들어

내고 있었다. 그래서 나는 2심 유죄를 은연 중에 예감했다

—

586세대와 2030세대, 페미니즘 진영과 그 반대편은 마치 서로 다른 국가에 사는 듯 근본적으로 달랐다. 이 판결은 마치 내전 같았다. 전세는 이미 페미니즘 진영으로 기울고 있었다.

언론은 안희정 사건 1심 판결을 '거국적인 논쟁거리'로 판단한 듯했다. TV에서는 토론 프로그램들이 우후죽순으로 생겨났다. 페미니스트들은 강단에 서서 사람들에게 무엇이 정의인지 가르치려 했다. 그들의 주장은 한결같았다.

"1심 판결은 부당하며 남성 중심적이다."

냉정하게 보자면, 페미니스트나 언론, 야당의 강성 지지층을 제외한 사람들은 1심 판결이 그렇게까지 부당하다고 느끼지 않았다. 그때 정치에 적극적으로 참여하지 않던 진보 성향의 시민들은 자신들의 정체성을 붙잡고 설 수 있는 자리를 잃어버렸다. 젊은 여성 중심의 '페미니즘'이 진보 진영의 얼굴처럼 떠오르면서, 그 속으로 들어갈 수는 없었고, 그렇다고 보수 진영을 지지할 수도 없는 상황이었다.

이때 2030 남성들은, 자신들을 중도라 부르며 보수에서 갈라져 나온 세력이 주장하던 안티페미니즘 담론에 동조하기 시작했다. 반면, 헤게모니를 잡고 있던 페미니즘 진영과 진보 진영의 스피커들은 그들을 '우경화된 20대 개새끼들'이라며 비난하기 시작했다. 그러나 그런 분열은 어떤 사회 정의도 실현하지 못했다.

문재인 대통령을 지지했던 젊은 남성들조차 넓은 진보의 품을 허락 받지 못했다. 그것은 성 관련 사건을 정치화한 결과였다. 정치권과 언론, 여론이 편파적으로 페미니즘 진영의 손을 들어준 탓이었다.

시간이 흐를수록 이런 맥락은 더욱 분명해졌다. 지금의 2030 남성들은 정치적으로 고립된 채 '차악'으로 보수를 지지하며 '무고'를 두려워한다.

그들의 회의적이고 소극적인 정치성, 그리고 타자에 대한 두려움은 안희정 사건 이후 사회를 강타한 성인지 감수성과 2차 가해 담론에서 비롯되었다. 그 두 개념으로 대표되어버린 기형적인 페미니즘이 진보의 얼굴로 못박히면서 그들의 불신이 더욱 확고해진 것이다.

성인지 감수성과 2차 가해 비판의 본래 취지는 분명히 선한 것이었다. 그러나 좋은 취지만으로 현실이 개선되지 않는다. 그 사실은 위계 사회에서 더 많은 시간을 보내는 남성들이 더 빨리 간파했을 것이다.

　그들은 이 논리의 맹점을 알았고, 이 논리가 악용될 가능성을 감지했다. 하지만 그들의 목소리는 반영되지 않았다. 오히려 그들은 '사회악'으로 매도되었다. 그리고 진보를 방해하는 존재로 정체화되면서 배신감을 느꼈을 것이다. 적어도 그 시기의 2030 남성들은 열등 시민이자 무시민이자 탈시민이었다. 하지만 그들 중 상당수는 진보를 지지하며 살아온 시민이었다.

　성인지 감수성은 성폭력 사건에서 피해자의 입장에서 사건을 해석하자는 제안이었다. 문제는 여성이 피해자인지를 확인하는 검증 자체를 성인지 감수성이 부족한 것에서 비롯된 '피해자에 대한 의심'으로 규정하는 데 있었다. 그로 인해 가짜 피해자를 거를 수 있는 방법이 원천적으로 사라졌다. 더 나아가 '가짜 피해자'라는 개념 자체를 죄악시하게 되었다.

성폭력을 당했다고 주장하는 모든 여성은 곧바로 '피해자'가 되었다. 그렇게 피해자 지위를 획득되면, 그가 하는 진술은 그 내용이 어떻든 자동적으로 진실로 받아들여지는 결과를 낳았다.

이 맹점에 대해 증거재판주의(형사재판에서 사실인정을 반드시 증거에 의해야 한다는 원칙)와 죄형법정주의(범죄와 형벌은 법률로 명확히 규정되어야 하며, 법률 없이 처벌할 수 없다는 원칙)에 근거하여 제대로 된 답을 한 페미니스트는 지금까지 단 한 명도 없었다. 어떤 이들은 나에게 증거재판주의만 언급하면 되지 왜 죄형법정주의까지 언급하냐고 묻는다. 나는 대답한다.

"그녀들은 기존의 법 해석으로는 죄가 될 수 없는 것까지 죄로 만들어냈기 때문입니다."

성인지 감수성의 실제 적용은 이렇다. 여성이 자신을 피해자라고 주장하면, 그녀는 바로 피해자로 간주된다. 그녀가 설령 가해자에게 연정을 품었다 하더라도 그것을 지적할 수 없다. 그 사실을 지적하는 순간 2차 가해가 되기 때문이다. 피해자성이 조금이라도 확인되면, 모든 의문은 닫히고 여성은 확정된 피해자가 되는 것이다.

2차 가해 담론은 페미니즘 담론을 더욱 경직시켰다. 진정성에 의문을 품는 모든 시선을 '가해'로 규정하면서, 실질적인 토론과 반성이 불가능해졌기 때문이다.

―

나 또한 위력 성폭력의 피해자였다. 나는 신고조차 하지 못한 채 살아왔다. 그래서 나는 성폭력 담론이 복잡해질 수 있다는 것을 누구보다 잘 알고 있다. 그럼에도 불구하고 나는 나에 대한 모든 질문과 의심의 채널을 열어두었다. 왜냐하면 나의 성폭력 피해를 보편적 인권의 언어로 설명할 수 있을 만큼의 확신과 철학이 있기 때문이다.

하지만 당시 언론에 앞다투어 등장한 페미니스트들에게는 그런 확신과 결의를 느낄 수 없었다. 그들은 자신이 믿는 언어로 대중을 세뇌하는 데 급급했다. 그것이 언론을 장식하면서 마치 권위를 지닌 것처럼 보였을 뿐이다. 그러나 실제로는 아무런 사회적 작용을 하지 못했다.

진실과 거짓 사이

 2018년부터 가까워진 스승이 있었다. 그는 미술사학자였다. 나와 친하게 지내던 여성 작가가 "윤지 씨 아버지를 닮았다"며 소개해주었다. 그는 유난히 우울해 보이는 늙은 사내였다. 우리는 대학로에 있는 한 인도 식당에서 처음 저녁 식사를 했다. 그 자리에는 여성 작가도 함께했다.

 그 후, 그는 한 달에 한 번쯤 나에게 자신의 연구실에 들러 책을 읽고 밥을 먹고 가라고 했다. 그의 연구실은 나에게 천국과 같은 곳이었다. 그곳에는 한 권에 십수만 원에서 수

십만 원을 호가하는, 구하기도 어려운 도록들로 가득했다. 내가 읽고 싶었던 학술서도 넘쳐났다. 나는 그의 연구실에서 그가 일하는 동안 책을 읽거나 함께 식사를 한 뒤 집으로 돌아가곤 했다.

어느 날 오전, 그에게서 전화 한 통이 걸려왔다. 그는 사실 뇌종양 환자라고 말했다. 그러면서 자신이 언제 죽을지 모른다고 했다. 나는 너무 놀랐다. 그날은 녹음이 그늘을 짓누르던 습하고도 따뜻한, 따스하면서도 시원한 바람이 불던 늦여름이었다. 그는 나에게 연구실로 와줄 수 있느냐고 물었다. 나는 알겠다고 했다.

그는 이례적으로 나를 차에 태우더니 정릉의 한 독일식 식당으로 데려갔다. 감자튀김과 소시지, 돼지고기 요리인 슈바인스학세와 생맥주를 파는 곳이었다. 주문한 음식이 나오는 데 시간이 걸리자 그는 흡연구역으로 나가 담배를 한 대 피우고 오자고 했다.

그곳에서 그는 군 복무 중 선임병들에게 강간을 당했다는 이야기를 꺼냈다. 그는 말했다.

"폭력에는 남자도 없고 여자도 없어. 약자와 강자만 있을 뿐이야."

맞는 말이었다. 안희정 지사의 미투 사건에서도 강자와 약자만 존재했다. 폭력의 시나리오를 짜는 자와 그 시나리오에 맞아들어가 형사처벌을 받는 자만 있을 뿐이다.

그날 내가 기억하는 단어는 두 개였다. '하혈'과 '시뻘겋게 물든 군복'이었다. 그는 내가 경험하지 못한 고통을 이야기하고 있었다. 그는 신고를 하지 못하고 결국 자살을 시도했다.

군 기지 내 20미터 높이의 벽에서 뛰어내려 다리가 거의 부서졌다. 그날 그는 샌들을 신고 있었는데 실제로 그의 발 한쪽은 회색빛을 드러내고 있었다. 그는 회복 후에도 그 부분의 피부색은 끝내 돌아오지 않았다고 했다. 세상 어디에서든 어떤 방식으로든, 누군가는 폭력에 착취당하고 있었다. 나는 조심스럽게 그에게 물었다.

"그런데 왜 고발하지 않으셨어요?"

"조금이라도 저항하면 죽을 때까지 맞는데, 어떻게 고발을 해?"

그의 말과 김지은 씨의 말 사이에는 미묘한 대칭이 있었다. 그에게는 물리적 폭력이 구조적 폭력보다 더 직접적이고 강했다. 그 무렵 나는 이미 김지은 씨와 안희정 전 지사가 어떤 특정한 종류의 불륜 관계에 있었음을 알고 있었다. 미투 담론 속에서 진실과 거짓의 경계는 희미해져 있었다. 해석하기 나름이었다. 사랑을 '위력'으로 읽으면 말이 되었고, '부도덕한 피해자의 무고'로 보아도 설명이 되었다. 그러나 세상은 전자의 손을 들어주었다.

나는 폭력의 진짜 얼굴은 그가 말한 그런 것일지도 모른다고 생각했다. 폭력은 피와 살, 죽음으로 이어지는 악순환이었다. 그것이 가장 선명한 폭력의 초상이었다. 나는 이론 해석으로 폭력을 증명하는 방식에 익숙하지 않았다. 그래서 김지은 씨의 말은 나에게 충분히 설득력을 갖지 못했다

—

어느 날, 그는 나에게 갑자기 신변을 정리하고 어딘가로 떠날 거라고 말했다. 나는 의아해하며 이유를 물었다. 그러자 그는 자신의 행정조교로부터 미투를 당했다고 했다. 안희정 지사가 미투를 당한 지 정확히 1년 하고 하루가 되는 날이었다.

그는 상습적인 성희롱과 성추행으로 교내 고발을 당했다. 고발된 직후부터 그는 매우 빠르게 모든 업무에서 배제

되기 시작했다. 그가 근무하던 대학교는 페미니즘 진영의 거점이라 불리는 곳으로, 내로라하는 페미니스트 교수들이 인문대에 포진해 있었다.

그는 억울해했다. 그의 말에 따르면 고발 절차는 매우 불공정했다. 조교는 3년간 상습적으로 성희롱과 성추행을 당했다고 주장했지만, 녹취와 같은 증거는 존재하지 않았다. 그녀가 쓴 다이어리만이 유일한 증거였다. 다이어리에는 교수의 발언에 대한 자신의 감정을 중심으로 슬픔과 모욕감, 분노의 감정이 가득 적혀 있었다고 했다.

고발 심의 과정에서는 대질조사조차 없었다. 조교는 출근을 하지 않았고 교수는 업무에서 배제된 채, 2주에 한 번씩 피해자 조사와 피고발인 조사를 따로 받았다고 했다.

그는 조사를 받을 때마다 피폐해져갔다. 그러다 점점 공허한 표정으로 변해갔다. 내가 알고 있던 예리하고 희망적이던 모습은 어느새 사라지고 없었다. 학문 앞에서 논변을 펼치던 모습도 온데간데없었다.

그는 거대한 파도 앞에서 낯선 흐름에 휩쓸려 영혼을 빼앗긴 시체처럼 되어갔다. 그의 눈은 점차 아무것도 바라보지 않았다. 피부는 녹색이 감돌 정도로 이 세상에 속하지 않는 사람처럼 되어갔다.

그의 어깨는 지구의 핵을 향해 처져갔다. 척추는 당장이라도 붕괴될 것 같았다. 근육과 살을 지탱할 힘조차 버거워진 뼈들은 곧 가루가 되어 공중으로 날아갈 것처럼 위태로웠다. 그는 점점 더 자주 죽음을 이야기했다. 그가 마지막으로 반복하던 말은 이것이다.

"여교수들이 말하길, 걔가 펑펑 울었다는 거야."

나는 성폭력 피해자였다

 나는 그의 성폭력 피해자가 되었다. 그의 기행은 학내 심의위원회에서 최종 해임 결정이 내려진 뒤부터 본격적으로 시작되었다. 나의 기억이 희미해지기 시작한 것도 그때부터였다. 그와 있었던 일들의 순서나 몇몇 사건을 제외한 대부분의 정황과 대화, 계절, 그리고 공간에 대한 기억은 거의 사라졌다.

 신경정신과에서는 이러한 상태를 '외상으로 인한 해리'라고 진단했다. 그의 해임이 결정된 이후, 나의 기억은 마치 스스로를 3인칭 시점으로 바라보는 듯 분절되었다. 인격의 통일성도 무너졌다.

만약 진술의 일관성만을 기준으로 혐의 여부를 판단한다면, 나는 재판에서 지거나 극히 제한된 진술밖에 할 수 없을 것이다. 반대로 내가 기억하는 바를 외상 기억의 파편적 방식 그대로 진술한다면, 오히려 그 공백은 지어낸 소설보다 더 신뢰를 잃게 만들 것이다.

어쩌면 나는 안희정 미투 사건 때 제기했던 '피해자다움'이라는 관점에서 보자면, '피해자답지 않은 피해자'의 전형일지도 모른다.

나는 그에게 착취를 당한 후 종종 이런 상상을 했다. 만약 안희정 지사의 편에 서기를 포기하고 페미니스트들에게 나의 전향을 고백한다면 어땠을까. 그들이 나의 피해 사실을 들어주고 고개를 끄덕이며 나를 보호해주지 않았을까 하는 상상 말이다.

하지만 나에게는 신념이 있었다. 투쟁은 어디까지나 진실에 기반해야 한다고 믿었다. 내가 성폭력 피해와 관련된 일종의 '복지'를 누리려면, '대한민국에서 안희정 지사가 사법적으로 무고하다고 처음 발언한 사람'으로서의 사회적 책임과 이후 감당해야 할 과제들을 포기해야 했다. 하지만 나는 그럴 수 없었다. 나는 지성의 정확성과 사회에 뿌리 내린 가치 판단의 실체성을 믿었기 때문이다.

나에게도 증거가 없기는 매한가지였다. 김지은 씨는 자신에게 증거가 많다고 주장했지만, 대부분은 정황 증거일 뿐이었다. 해석에 따라 얼마든지 다른 판단이 가능했다. 원칙적으로는 증거 능력이 없다고 봐야 한다. 다만 그녀가 미투 고발을 한 당시의 분위기와 1심 이후 여성계의 영향력, 그리고 그 영향에서 자유롭지 못했던 판사가 그러한 정황에 '증거력'을 부여했을 뿐이었다.

내가 증거 없이 교수를 신고했어도, 그는 충분히 처벌을 받을 수 있었다. 하지만 나는 비정상적인 성범죄의 사법 처리 관행에 기대어 무언가를 얻고 싶지 않았다. 그것은 타협 이전에 양심을 저버리는 일이었다.

그러나 나의 마음은 눈에 띄게 병들어가고 있었다. 머릿속 어딘가가 떨어져 나간 듯 그 시기의 일들을 매우 무질서하고 파편적으로 기억했다. 외상후스트레스장애(PTSD)에서 나타나는 해리적 기억상실의 전형이었다. 그럼에도 나는 나의 신념과 책임을 지켰다. 그리고 '안희정의 막내 참모'라는 사무실도 없는 그 정치적 자리를 지켰다.

—

 인간의 고통에 반드시 형체가 있는 것은 아니다. 그러나 형체가 있든 없든 한 번 유발된 고통은 쉽게 사라지지 않는다. 교수는 나에게 고통은 영원한 현재처럼 실재한다는 사실을 선물로 남겼다. 그 역시 고통 받은 이였다. 나는 그의 고통이 전이된 빈 육신이었다.

 그럼에도 불구하고 나는 지금도 그의 처벌을 원하지 않는다. 나의 주변 사람들은 모두 그가 처벌 받기를 원한다. 경찰은 나의 기억을 바탕으로 처벌하는 것이 아주 불가능하지는 않다며 나에게 '기억의 일람표'를 작성해보라고 했다. 나는 "예, 감사합니다" 하고는 아무 답을 주지 않았다.

 그는 명백한 가해자다. 하지만 나는 내가 세운 원칙과 타협하고 싶지 않았다. 게다가 우리나라의 사법 체계는 피해자의 진술을 정밀하게 분석하여 공정한 처벌을 내릴 만큼 정교하지도 않고, 수준이 높지도 않다. 만약 나의 사례가 하나의 판례가 된다면, 일관된 진술이 아닌 허위 진술조차 성폭력 사례로 인정받는 무고의 문까지 열릴 수 있다. 그렇게 된다면 수사와 처벌의 기준은 더욱 무질서해질 것이다. 되돌릴 수 없는 아노미 상태로 빠질 수도 있다.

나는 안희정 사건에 연루된 사람이다. 동시대 페미니즘의 발현 양상과 정치인의 성비위 고발, 일반인의 성범죄 고소 사건에 대해 여러 언론 등을 통해 비판해왔다. 그런 내가 단지 진술만으로 성범죄가 성립된 사례를 만든다면, 이 땅의 모든 생물학적 여성에게는 실로 '전가의 보도'가 주어지는 셈이 된다. 그래서 나는 끝까지 버텼다.

피해자의 자격

2024년 9월, 나는 정철승 변호사를 돕기 위해 증인석에 앉았다. 당시 그는 강제추행치상 혐의로 고소를 당했다. 고소가 접수된 바로 다음 날, 국민의힘 대변인은 공식 성명에서 민간인인 그의 실명을 거론하며 "정철승 변호사를 엄벌하라"고 요구했다. 시작부터 석연치 않았다.

하지만 나를 포함한 주변인들은 무죄를 확신했다. 반대 증거로 쓰일 수 있는 CCTV 영상이 있었기 때문이다. 그러나 1심 재판부는 흐릿한 화질을 이유로 여성의 진술에 더 큰 무게를 두었다. 검사는 징역 5년을 구형했다. 법원은 집행유예 없이 징역 1년을 선고했다.

나는 난관에 빠진 그를 위해 무엇이든 하고 싶었다. 내가 할 수 있는 유일한 일은, 나의 성폭력 피해 사실을 증언하는 것이었다. 재판부는 그가 성인지 감수성이 부족한 사람인 것을 문제 삼았다. 하지만 그는 성인지 감수성이 없는 사람이 아니었다. 오히려 나보다 더 예민하고 섬세하게 성폭력 피해자의 감정을 이해하는 사람이었다. 나는 그 점을 증언하려고 했다. 그가 약자를 어떻게 대하는지, 그리고 폭력의 구조를 법률가로서 얼마나 정교하게 통찰하는지를 말하려고 했다.

나는 오랫동안 나의 성폭력 피해 사실을 숨겨왔다. 말할 수 없을 것 같은 본능적인 압박이 있었다. 무서운 비밀을 품었지만 오히려 평범하게 살아야 한다는 강박도 있었다. 가까운 이들에게조차 숨겼으니 공적으로는 말할 것도 없다.

나는 오히려 '증거가 없는 정치적 가짜 미투'를 비판해온 사람이었다. 그런 내가 증거도 없이 피해를 증언한다면, 지금껏 해왔던 모든 활동이 무너질 것이 뻔했다. 그래서 나는 진실을 무덤까지 가져가기로 했다. 세상에 증명할 수 없는 진실은 진실이 아니라고 생각했다. 그런 '진실 아닌 진실'은 누구나 가슴속에 하나쯤은 품고 살아가는 것이라고 생각했다.

게다가 나의 경우 피해 기간이 길었다. 단순한 물리적 강간을 넘어 가해자와의 관계는 심리적으로도 매우 복잡하게 얽혀 있었다. PTSD로 인한 부분적 기억 상실 역시 나를 더욱 침묵하게 만들었다.

전체 흐름은 기억나지 않았고, 단편적인 장면만 어렴풋이 떠오를 뿐이었다. 어떤 기억은 아예 끊어진 필름처럼 복구되지 않았다. 현실은 피해자의 구체적이고 일관된 진술만으로 성범죄 입증이 가능했다. 나는 그런 진술조차 할 수 없었다.

더욱이 내 사건은 스승과 제자의 관계에서 비롯된 일이었다. 그 때문에 애정이나 헌신, 의리 같은 감정으로 쉽게 포장되기가 쉬웠다. 어쩌면 나의 〈녹취서〉(151쪽)를 본 누군가는 "이게 어떻게 의리야? 바보 아니야?" 하며 되물을 수도 있다.

그러나 피해자의 정신 상태란 감정과 외상, 외상과 감각 사이의 경계를 완전히 무너뜨리는 것이다. 그리고 이런 특징 때문에 성인지 감수성이 필요한 것이다. 성폭력 피해자는 성에 대한 '인지' 자체가 달라지기 때문이다.

만약 내가 피해자로서 공인 받기를 원하거나 '나도 피해자입니다'라고 외칠 작정이었다면, 나는 성인지 감수성을 무척 중요하게 해석했을 것이다. 하지만 나는 감수성만으로 형사 법정을 조롱하는 일을 하고 싶지 않았다.

물론 성인지 감수성이 중요하게 개입한 판례들과 내 사건은 질적으로 분명히 다르다. 나는 사건 초기에 명확한 물리적 저항을 했기 때문이다. 이후의 기억은 사라졌고, 어느 순간 나는 가해자의 요구에 마치 노예처럼 협력하고 있었다. 그 사실까지 법정에서 공개하고 싶지는 않았다. 나는 나의 기억 안에서 확실한 것만 말하고 싶었다. 애매한 구석은 남기고 싶지 않았다.

나는 원래도 윤리적 순결주의에 빠지는 편이다. 그리고 성인지 감수성과 같은 페미니즘적 법리 해석에 정면으로 반대해온 사람이었다. 그러기에 내 사건은 덮고 가는 것이 옳다고 여겼다.

성폭력 피해 이후에도 나와 가해자의 관계는 이어졌다. 그런데 교수는 내가 정철승 변호사와 협업 관계에 있다는 사실을 안 뒤부터 갑자기 가해를 멈추었다. 그 변화가 오히려 이상하게 느껴졌다. 나는 그에게 "왜 예전처럼 요구하지 않느냐"고 되물을 정도였다.

그 시절 나는 너무 어려서 무슨 일이 나에게 벌어지고 있는지도 몰랐다. 그런 미성숙이 이 악연을 끌고 간 원인이었을 것이다. 그러던 어느 날, 나의 멘토 선생님 한 분이 말했다.

"네가 당한 건 명백한 강간이야."

나는 되물었다.

"나와 김지은 씨는 다른가요? 그녀를 비판한 나로서 내가 당한 것이 강간이라면, 나는 피해자 자격이 없어요."

그는 단호하게 말했다.

"물증이 없을 뿐 너는 저항했고 정조를 지키기 위해 최선을 다했어."

하지만 그의 말조차 내가 지금껏 페미니즘을 비판하며 진짜 피해자들을 모독해왔다는 죄책감을 지워주진 못했다. 나의 피해는 감당할 몫이라고 여겼지만, 무고한 피해자들까지 그 몫을 떠안게 되었다는 생각이 들었다.

—

나는 가해자에게 전화를 걸어 물었다.

"이 관계가 처음부터 잘못된 것 같지 않나요?"

그는 되려 나에게 되물었다.

"그동안 나 때문에 어떻게 살았냐."

나는 말했다.

"좋은 사제지간, 친구가 될 수 있을 줄 알았는데 시작이 잘못되었어요."

그는 대화 끝에 이렇게 말했다.

"내가 감옥에 가겠다."

나는 그 전화를 녹취하고 그와 연락을 끊었다. 주변 사람들과도 단절한 채 지인이 마련해준 오피스텔로 숨어들었다. 그동안 나는 그림을 그렸다. 오랫동안 손 놓았던 붓이었지만, 그동안의 내면을 기억하는 듯 붓은 더 깊고 자유로웠다. 붓질에 들어가는 힘과 색채의 깊이, 형태의 자유로움이 전과는 달랐다. 나는 시도 써보고 출판사 일도 받아 하며 활자와 색채 속에 묻혀 살았다.

그러던 어느 날, 정철승 변호사에게서 전화가 왔다. 그는 나의 이야기를 듣고 많은 말을 하지 않았다. 그러고는 조용히 물었다.

"윤지 작가, 무슨 일 있지? 나 변호사야."

그는 수사관처럼 내가 겪은 일을 단번에 파악하고 맥락화해주었다. 그는 예금도 없는 사회초년생인 나를 배려해 수임료를 받지 않고 변호해주겠다고 했다. 나는 미안했지만, 절대적으로 돈이 없었기 때문에 그의 제안을 받아들일 수밖에 없었다.

그의 사무실에서 나는 모든 증언을 녹취했다. 온통 불안하고 뒤섞인 기억 속에 빠져 있던 나에게, 그는 따뜻하면서도 단호하게 진술을 끌어냈다. 나의 피해는 죄형법정주의에는 명확히 부합했다. 다만 증거재판주의에는 부합하는지 확신할 수 없었다.

나는 나에 대한 '처분'에 별다른 욕심도 관심도 없었다. 세간이 알아서 해석하면, 최소한의 대응만 하겠다고 생각하며 신경을 끄고는 PTSD 치료에 전념했다.

—

나는 정철승 변호사의 1심 마지막 공판 증인석에 섰다. 재판부는 증거보다는 여성의 진술과 SNS 상의 2차 가해 등을 근거로, 그가 성인지 감수성이 부족한 인물이라는 주장을 내세웠다. 변호인단은 나를 증인으로 신청했지만, 채택이 될지의 여부는 불투명했다. 다행히 재판부는 나의 증언을 받아들였다.

나는 사건 현장에 없었던, 그리고 사건과 무관한 첫 번째 증인이었다. 내가 증언하려 했던 것은 단 하나였다. 나의 성폭력 피해를 대하는 정철승 변호사의 태도는 결코 성인지 감수성이 부족한 사람이 아니었다는 것이다. 오히려 지나칠 정도로 약자에 대한 연민과 통찰을 가진 사람이었다.

재판부는 내가 성폭력 피해자이니 비공개 재판으로 전환할 수 있다며 나의 의사를 물었다. 하지만 나는 공개 재판을 선택했다. 감추고 싶지 않았다. 지금의 수치심은 사적인 감정이 아니었다. 그것은 인간을 좀비처럼 갉아먹는 거대한 감정일 뿐이었다. 어쩌면 나보다 정철승 변호사가 더 깊은 인간적 수치심을 느끼지 않았을까.

난생처음 들어가본 법정 안이었다. 증인석은 법정 한가운데 판사석과 마주한 위치였다. 커다란 나무 탁자 위에 푹신한 의자 하나가 놓여 있었다. 증인 선서는 생각보다 엄중했다. 위증 시 형사처벌을 받을 수 있다는 조항이 있었기 때문이다.

내 성폭력 사건은 채증이 사실상 불가능하다는 점을 잘 알고 있었다. 그러나 누군가가 나를 '꽃뱀'이라 부르며 의심의 눈초리를 던진다 해도, 나는 대답할 수 있었고 대답할 자신도 있었다. 진실이 내 안에 있다면 반문은 두렵지 않았다.

나는 오히려 '피해자를 의심하는 2차 가해'를 기다리고 있었다. 그래야 내가 당한 긴 시간 동안의 착취와 그것이 남긴 외상의 흔적, 그리고 여전히 내 안에 살아 움직이는 고통이 노출될 수 있었다. 그래야 사람들이 진실을 볼 수 있을 거라고 생각했다.

나는 증언을 하는 동안 몇 차례를 제외하고는 정철승 변호사가 있는 피고인석을 쳐다보지 않았다. 나의 목소리로 말하고 싶었기 때문이다. 내가 증언할 때마다 방청석에서는 낮은 탄식이 흘러나왔다. 하지만 나는 동요하지 않고 판사와 검사의 눈을 마주했다.

나의 증인 신문은 30분가량 이어졌다. 이례적으로 긴 시간이었다고 했다. 변호사는 재판이 끝난 뒤 "아주 좋은 증언이었다"고 말해주었다. 법정 경험이 없던 나는 그 말이 어떤 의미인지 다 헤아릴 수 없었다. 다만 이미 피고인에게 불리하게 짜인 형식 속에서 내 사건의 본질을 꺼내놓는 일은 고통스러웠다고, 그에게 성토하고 싶은 마음도 없지 않았다.

녹 취 서 (요지)

사건번호	2023 고합 921
기 일	2024. 9. 26. 16:00
비 고	

형사소송규칙 제38조 제1항의 규정에 따라 작성한 녹취서를 붙임과 같이 제출합니다.

1. 붙임:증인 권윤지에 대한 증인신문 녹취서(총 면수:16면)1부

2024. 9. 26.

속기사 김○○

※ 이 녹취서는 진술의 주요한 부분만을 정리하여 기재하는 방식으로 작성되었습니다.
※ 당사자나 증인 등은 이 녹취서에 적힌 사항에 대해 이의를 제기할 수 있습니다. 이의가 제기되면 법원사무관등이 그 이의의 취지를 이 녹취서 또는 별도의 서면에 기재하거나 이 녹취서 중 해당 부분을 정정하여야 합니다.

피고인

　증인에게

[피고인 제출 증 제31호증의 3 진단서를 제시하고]

문 저 진단서는 본인의 것이 맞지요.

답 맞습니다.

[증 제31호증의 4 입퇴원 사실 확인서를 제시하고]

문 이것은 본인의 것이 맞지요.

답 제 것이 맞습니다.

문 증인은 1996년생으로 올해 27살의 미혼 여성이지요.

답 예. 맞습니다.

문 현재 화가, 방송인, 방송 작가 및 집필 작가로 활동하고 있지요.

답 예.

문 증인은 약 3년 전쯤 한 시민 단체 행사에서 우연히 피고인을 알게 되어 가깝게 지내왔지요.

답 예.

문 특히 2023. 7.경 증인이 성폭행으로 인한 공황 장애 발작 등으로 자살을 기도해서 분당서울대학교병원 정신과 병동에 입원한 사실을 알게 된 피고인이 증인의 정신적 치유를 위해 보수도 받지 않고 가해자에 대한 고소 대리를 맡으면서 더욱 신뢰 관계가 깊어졌지요.

답 맞습니다. 저는 3년에 걸친 성폭행 사건 이후로 주변과 모든 연락을 끊고 잠적했는데 그때 피고인이 제 안부를 먼저 걱정해 전화하고, 자초지종을 묻고, 고소 대리를 자청한 바 있습니다.

[피고인 제출 중 제31호증의 1 탄원서를 제시하고]

문 이 탄원서는 증인이 쓴 것이 맞지요.

답 정확합니다.

[피고인 제출 층 제31호증의 2 권윤지 페이스북 포스팅을 제시하고]

문 이 페이스북 포스팅….

답 본인의 페이스북이고 제가 자발적으로 한 포스팅입니다.

문 이 포스팅은 6. 23. 올린 것이고요.

답 예.

문 그다음에 탄원서도 6. 23….

답 탄원서가 제출된 날과 포스팅한 날이 같습니다.

문 같은 날이지요.

답 예.

문 증인은 이 사건 재판에서 피고인에 대하여 징역 5년이 구형되었다는 소식을 듣고 분노해서 2024. 6. 23. 재판부에 피고인을 탄원하는 탄원서를 작성하였지요.

답 예.

문 그리고 같은 날 피고인에 대한 어처구니없는 검찰 구형을 여론에 알리고, 위 탄원서의 내용이 진실임을 확인시키기 위해 위 탄원서를 페이스북에 전체 공개로 포스팅하였지요.

답 예. 제 페이스북은 제가 게시물 하나를 올리면 1만 5,000명 이상이 보는 페이스북입니다. 제가 이 탄원서를 공개한 이유는 그리고 작성한 이유는 다음과 같습니다. 저는 설사 피고인이 공소 사실에 적시된 그러한 혐의, 피고인이 받는 혐의를 정말로 실행했다고 하더라도 5년이라는 구형은 통상적인 양형에 비해서 너무 높다고 생각하였습니다. 첫째, 이 점이 부당하다고 생각하였고요. 그리고 피고인 측에서 반대 증거, 즉, 영상을 가지고 있는데도 불구하고 어떤 피해자다움이랄지 성인지 감수성이랄지 이런 것이 증거에 우선하는 상황이 된 듯한 상황에 대하여 비판적 의식을 가졌습니다. 첫 번째, 피고인을 저는 잘 알기 때문에 피고인이 평소에 약자 그리고 여성들에 대해서, 특히 또 젊은 여성들에 대해서 어떠한 감수성과 태도를 지니는지 알고 있었습니다. 그것을 제 경험을 토대로 밝히면서 제가 비판하고자 했던 문제점들을 비판하고 싶었고, 페이스북에 올린 이유는 수사 처벌 관행에 대한 제 문제의식이 공공성을 띤다고 판단하였기 때문입니다.

문 차분하게 말씀하셔도 됩니다.

답 감사합니다.

문 증인은 예원학교와 서울예술고등학교 미술과를 거쳐 이화여대 미대를 졸업해서 화가로 활동하고 있지만, 복수 전공으로 선택할 정도로 철학에도 관심이 많고요.

답 예.

문 페미니즘에 관한 책을 집필하기도 한 작가이며, 방송 작가 및 방송인으로 활동하고 있지요.

답 예.

문 증인은 2024. 4. 제22대 국회의원 선거에 소나무당의 청년 여성 비례 후보로 출마하였지요.

답 예. 맞습니다.

문 그런데 증인은 페미니즘의 본진으로 알려진 이화여대 출신의 20대 여성임에도 불구하고 '페미니즘 카르텔 타파'를 공약으로 발표해서 사회적으로 큰 주목을 받았지요.

답 맞습니다.

문 증인은 안희정 지사의 선거 캠프에서 선거 운동을 도왔던 일이 있지요.

답 그렇습니다.

문 그래서 그 일을 계기로 안희정 사건에 깊은 관심을 가지게 되었지요.

답 그렇습니다.

문 그런데 선거 캠프에서 함께 활동했던 페미니스트들로부터 안희정 지사에게 성적 피해를 당했다는 허위 과장된 진술을 요구당한 사실이 있지요.

답 그렇습니다. 정확하게는 안희정 캠프에서 저는 내부자였기 때문에 직접 연루되었다고 볼 수 있습니다. 관심을 가졌다기보다는. 그리고 김○○ 당시 피해자를 돕던 조직이 존재했습니다. 젊은 사람들로 이루어져 있었고요. 그들은 이 주변의 경험을 취합하고자 했습니다. 그런데 그것이 단지 있었던 사실을 취합하는 것이 아니라, 허위 또는 과장 진술을 유도하고 마치 유도 신문처럼 당사자가 성폭력이 아니라고 생각하는 것조차도 성폭력이라고 생각하게끔 유도하고 그것을 진술하도록 반강제하고 법정에 증거로 낼 수 있도록 진술하도록 조용했습니다.

문 그들은 심지어 형사 재판에서도, 그러니까 안희정에 대한 형사 재판에서도 성인지 감수성을 이유로 안희정 지사에게 유리한 증언들보다 불리한 증언들이 쉽게 받아들여지는 모습 등을 보면서 우리 사회에서 페미니즘이 실체 진실과 인권 보호를 압도하는 가치로 무비판적으로 받아들여지는 모습에 문제의식을 느끼게 되었지요.

답 그렇습니다. 저는 솔직히 말씀드리면 처음에는 김○○를 거의 100% 믿었습니다. 믿어야 한다고 생각했습니다.

재판장

증인, 피해자 이름은 말하지 마십시오. 김○○라고 하십시오.

증인

예. 저는 김○○를 믿어야 한다고 생각했고, 제 동료로서 신뢰 관계가 있는 사람으로서 믿었습니다. 그러나 재판의 진행 과정에서, 정황 증거에 의존해야만 하는 그 재판에서 피해자 측 증인들의 진술은 신빙성이 높게 받아들여지고, 상대적으로 가해자 쪽 증인들의 진술은 낮은 신빙성 또는 2차 가해 행위로까지 매도되는 모습을 보면서 저는 실체적 진실이 가장 우선시되어야 하는 형사 재판에 대해서 그것이 성인지 감수성이라는 페미니즘의 담론과 결합될 때 어떤 결과를 갖고 오게 되는지 혼란스럽고 회의적으로 생각하게 되었습니다.

피고인

증인에게

문 그러던 중 증인은 여러 여성 단체들에 깊이 관여하고 있고 페미니스트로 널리 알려진 ○○대 교수님과 사석에서 '우리도 안희정 지사의 피해자인 여성이 이상하다는 사실을 알지만 어쩔 수 없었어'라는 고백을 듣고 이른바 페미니스트들이 자신들의 이해관계 때문에 한 사람을 사회적으로 매장시키는 행위까지 한다는 사실에 경악해서 '페미니즘 카르텔 타파'라는 생각을 하게 된 것이지요.

답 맞습니다. 다만 저는 그것이 이해관계인지 또는 이념인지 그것은 모르겠습니다. ○○대 교수 정교수가 아니고 외래 교수입니다. 제 은사님과 저는 자주 식사를 했는데 어느 날 그분이 술에 만취되신 날 제게 편의점 앞에서 마치 고백하듯이 '우리도 그 여자가 이상하다는 것을 알아. 그렇지만 그 여자가 꽃뱀이 되면 이 세상의 모든 피해자들이 꽃뱀이 되어버려. 그래서 우리는 그 여자를 피해자로 만들 수밖에 없었어'라는 말을 하였습니다. 저는 그 말을 듣고 실체적 진실보다 더 중요한 것이 이념이 될 수도 있다는 사실을 깨달았고, 또한 페미니즘 카르텔은 조금 사실 다른 맥락에서 쓰는 것인데요. 아무튼 이 페미니즘을 표방한 조직의 무서움에 대해서 다시 한 번 각성하게 되었습니다.

문 증인은 2016. 3. 대학에 입학한 후에 경제적 어려움 등으로 1년 휴학을 하고 2학년이던 2018. 9.경 선배인 여성 화가의 소개로 당시 ○○대학 ○○학과 교수로 재직하던 50대 중반의 남성인 가해자를 알게 되었지요.

답 맞습니다.

문 증인에게 가해자를 소개시켜 주었던 여성 화가는 증인이 예술 철학에도 관심이 많고, 서울대 법대 83학번인 아버지를 무척 따른다는 사실을 알고 서울대 ○○과를 나오고 증인의 아버지와 나이가 같을 뿐만 아니라 독일에서 철학 박사 학위를 취득한 후 대학 교수, 예술 평론가 및 전시 기획자로 활발하게 활동하던 가해자를 '윤지 씨 아버지를 닮은 분을 소개시켜 주겠다'며 증인에게 소개시켜주었던 것이지요.

답 맞습니다. 실제로 인상착의가 제 아버님과 많이 닮았습니다.

문 가해자는 2018. 9.경 ~ 2019. 2.경까지 약 5개월 동안 10여 차례 증인을 ○○대 교수 연구실로 불렀지요.

답 맞습니다.

문 그래서 증인이 관심 많은 예술 철학을 증인한테 가르쳐주고, 자신이 소장하고 있던 철학 예술 분야의 원서 등을 보여주고, 연구실 인근인 대학로에서 함께 식사를 하고 술을 마시고 증인을 집까지 바래다주면서 증인의 환심을 샀지요.

답 맞습니다. 다만 술을 마신 적은 별로 없습니다. 그러니까 정말 정상적인 교수와 학생 또는 선학과 후학의 모습을 띠었습니다.

문 가해자는 증인과 만난 직후부터 '자신은 사실상 시한부 선고를 받은 뇌종양 환자이고, 군대에서 강간을 당해서 정신적 충격으로 여러 차례 자살을 기도했다'는 말을 하였지요.

답 예. 맞습니다.

문 그래서 증인한테 특별한 관심과 동정심을 얻고자 하였지요.

답 맞습니다. 가해자는 저와 그러한 10여 차례의 만남이 지속된 후 저와 조금의 친밀감을 형성했다고 생각했을 때, 저를 외딴 식당으로 데려가서 자신이 군대에서 강간 피해, 즉, 남성에 의한, 남성에 대한 강간 피해를 당했다고 제게 고백하였습니다. 가해자는 자신의 피해를 고백하면서 단지 피해 사실만을 객관적으로 이야기하지 않고 굉장히 그로테스크한 언어를 쓰며 어떤 군복에 하혈을 한 모습이라든지, 아니면 항문 강간을 당할 때 특수성이라든지, 자신이 자살을 시도한 후에 20번의 뼈가 부러진 몸 상태라든지 그런 것에 대해서 공포스러운 진술을 하였고, 그 진술을 할 때 저를 식당 바깥으로 데리고 나가 외딴 흡연 구역에서 하였습니다.

문 가해자는 2019. 3. 6. 대학원생 조교로부터 상습적인 성추행 및 성희롱으로 신고를 당해서 ○○대에서 해임되었지요.

답 맞습니다.

문 그럼에도 가해자는 ○○대 근처 빌라에 임시 연구실을 차려 놓고 교원 소청 절차 등 해임 불복 절차를 진행하였지요.

답 맞습니다.

문 그러면서 증인에게 임시 연구실에 자주 와서 자신을 도와달라고 부탁했지요.

답 자신의 조교 역할을 대신해 달라고 하였습니다.

문 가해자는 증인에게 해임으로 인한 스트레스로 뇌종양이 악화되어 극심한 두통에 시달리고 있고, 과거 군대에서 당한 강간 때문에 생겼던 자살 충동이 다시 생겨서 억제하기 힘들다는 등의 말로 증인에게 큰 걱정과 불안감을 갖게 만들었지요.

답 맞습니다. 걱정과 불안감에서 그치지 않고 제가 일전에 가해자로부터 들은 강간에 대한 자세한 진술이 계속 머릿속에 떠올랐기 때문에 제가 가해자의 곁을 지키지 못할 때면 극심한 죄책감, 자책감이 들곤 했습니다. 그래서 친구들과의 약속도 제외하고 가해자의 연구실로 가곤 했습니다.

문 가해자는 증인에게 '나는 뇌종양으로 시한부 선고를 받았기 때문에 죽는 게 두렵지 않다. 성추행으로 해임되어 모두가 나를 떠났는데 윤지 네가 없었다면 나는 진작 자살했을 것이다'라는 말을 수시로 하였지요.

답 맞습니다.

문 그래서 늘 자신의 곁에 있어 달라는 요구를 증인이 거절하지 못하게 만들었지요.

답 예. 맞습니다. 세상에 저 혼자밖에 없고 제가 없으면 죽을 것이라는 것은 막중한 책임감을 갖게 만들었습니다.

문 그러던 2019. 5.경 가해자는 교외로 함께 드라이브를 다녀오고 싶다며 증인을 자가용 차량에 태우고 서울 근교의 낯선 지역으로 가더니 '머리가 너무 아파서 운전을 못하겠으니 잠시

만 함께 쉬었다 가자'며 외딴 모텔로 증인을 데려간 뒤 모텔방에서 무자비한 완력으로 증인을 성폭행하였지요.

답 맞습니다. 그곳은 일반 모텔이 아니라 굉장히 외지고 지방 주소가 없을 수도 있는 음산한 모텔이었고 가해자는 모텔에 들어간 뒤 테이블에 앉아서, 즉, 가해자와 따로 앉아서 가해자의 건강을 걱정하고 있는 저를 완력으로 들어서 모텔 침대 위에 내동댕이친 뒤에 가해자의 체중으로 누르고 손으로 제 손목을 잡고 옷도 채 벗기지 않은 채 성폭행을 자행했습니다.

문 가해자는 성폭행의 폭력과 통증으로 탈진하고 심한 하혈까지 하였지요.

답 예. 가해자가 아니라 증인….

문 증인은 당시 성폭행의 폭력과 통증으로 탈진하고 심한 하혈까지 하였지요.

답 예.

문 그런데 가해자는 그런 증인한테 '함께 밥을 먹지 않으면 너를 집에 보내 주지 않겠다'고 강요하였지요.

답 그렇습니다. 저는 택시라도 타고 집에 가려고 했으나 그곳이 어디인지 전혀 알 수 없었고, 가해자는 애초에 자신의 차량에서 저를 내리지 못하도록 하였습니다.

문 그래서 증인은 어쩔 수 없이 가해자와 음식점에 가서 함께 식사를 했는데, 이는 가해자가 증인과의 동의에 의한 성관계라는 정황을 만들기 위한 술책이었지요.

답 나중에 깨달았습니다만 그런 것 같습니다.

문 당시 증인은 고시원에서 혼자 생활하고 있었지요.

답 예.

문 증인은 성폭행을 당한 후 가해자와 함께 모텔에 들어갔고, 모텔에서 나온 후에는 함께 음식점에서 식사까지 했으니 누구도 성폭행이라고 믿어주지 않을 것으로 생각하였지요.

답 그렇습니다. 심지어 하혈이 멈추지 않아서 산부인과에 갔는데 의사조차도 제 말을 믿지 않을 것이라고 생각하게 되었습니다.

문 그래서 심한 하혈이 멈추지 않는데도 병원에 가지 못하고 2주일 동안 고시원에서 누워지냈지요.

답 그렇습니다.

문 2주 후에 가해자는 피해자한테 전화를 걸어서 앞으로는 네가 싫어하는 것은 하지 않겠으니 내 연구실로 와 달라고 차분히 말했지요.

답 예.

문 이에 증인은 '가해자가 큰일을 겪게 되어 순간적으로 이성을 잃고 순간적인 실수를 했던 것이라고 이해해드리자'라는 생각으로 가해자의 연구실에 갔지요.

답 예. 그러한 이유도 있었고 또한 뇌의 문제가 있는 사람이기에 그랬을 수도 있다고 생각했습니다.

문 그렇게 다시 만나게 된 가해자는 증인이 도망갈 수 없도록 연구실 출입문을 막고 서서 증인에게 성관계를 요구하였지요.

답 그렇습니다.

문 이에 증인은 가해자에 대한 두려움과 절망감에서 복용하던 혈압 강하제 30정을 한꺼번에 입에 털어 넣어 삼키고, 냉장고에 있던 맥주 3캔을 마셔서 의식을 잃게 되었지요.

답 그렇습니다. 당일 가해자는 먼저 집에 가겠다고 하고 집에 간 뒤, 제가 연구실에 남아 있는 동안 다시 들어온 뒤에 바로 문을 막아섰습니다. 그리고 제게 '강제로 하는 것은 내 취향이 아니다'라고 말하면서 성관계를 요구했고, 저는 제가 저항하면 무슨 일이 일어날지 모른다는 생각과 또는 성적 자기 결정권을 침해받지 않고 싶다는 생각이 서로 충돌하여서, 그러나 어떠한 행동도 할 수 없는 상황에 절망해서 당시 공황 장애 치료 목적으로 복용하던 혈압 강하제 약 30정과 냉장고에 있던 맥주 3캔을 마시고 의식을 점차 잃어갔습니다.

문 위와 같이 증인이 의식을 잃어가고 있는데도 가해자는 증인을 성폭행하였지요.

답 맞습니다.

문 성폭행을 당하는 도중 완전히 의식을 잃었던 증인은 다음 날 낮에 성폭행 당한 상태로 바닥에 방치되어 있다가 깨어났지요.

답 바닥에 방치된 상태였고 옷은 그대로 풀어헤쳐진 상태였습니다.

문 그러니까 가해자는 그냥 성폭행을 하고 그 자리를 떠난 것이지요. 증인을 놔두고요.

답 그렇다고 볼 수 있겠습니다.

문 그 후로 가해자는 증인을 마치 성 노예처럼 수시로 성관계를 요구하였지요.

답 예.

문 이에 증인은 가해자의 요구를 거부하며 4층~5층 높이 건물에서 투신하려고 하는 등 저항하였지요.

답 분명히 저항을 어느 정도까지는 했던 것 같습니다.

문 그랬으나 매번 가해자한테 제지당하고 성폭행 당하는 일들을 겪으면서 증인의 몸이 더럽혀지고 인생이 망가졌다는 자포자기한 심정이 되어 가해자의 성관계 요구에 따르게 되었지요.

답 가해자를 피해서 투신하려는 저를 제 몸이 창문 밖으로 나간 상태에서 옷깃을 잡아채서 다시 침대에 내던지고 재차 성폭행했습니다. 저는 그러한 악마성 앞에서 혼란스럽고 무력해졌습니다.

문 증인은 위와 같은 상태로 2021. 4.경까지 지속적으로 가해자의 요구가 있을 때마다 성관계를 하는 관계가 되었지요.

답 그렇습니다. 성관계라기보다는 공포감이나 무력감 속에서 성폭행을 저항하지 못했다고 하는 표현이 더 맞을 것 같습니다.

문 가해자는 2021. 초 증인이 변호사인 피고인과 우연히 만나서 가깝게 지낸다는 사실을 알게 된 후부터 증인에게 성관계 요구를 일절 하지 않았지요.

답 제가 법조인인 피고인을 시민 단체 행사, 방송 활동 등에서 만나 친밀한 관계가 된 이후 가해자는 더 이상 성관계 요구를 하지 않았습니다.

문 그리고 증인한테 피고인에 대해 꼬치꼬치 캐묻기 시작했지요.

답 이상할 정도로 자세하게 피고인에 대해서만 꼬치꼬치 캐물었습니다. 업무 시에 피고인이 무슨 이야기를 하였는지, 여담으로 무슨 이야기를 하였는지, 피고인의 기분이 어떤 것 같은지, 성격이 어떤 것 같은지, 피고인에 대한 모든 것을 캐묻기 시작했습니다.

문 증인은 위와 같은 가해자의 행동을 보며 가해자가 증인에 대한 성폭행 범죄가 발각될까 봐 두려워한다는 사실과 증인이 가해자의 성폭행 피해자라는 사실을 깨닫게 되었지요.

답 그렇습니다. 처음에는 혼란스러웠습니다만 가해자가 자신이 행한 것이 범죄라고 생각하고 있다는 것을 그때 저는 처음 인지하게 되었습니다.

문 그래서 2021. 4. 가해자한테 결별을 통보했던 것이지요.

답 그렇습니다.

문 증인은 가해자와 결별한 후에 가해자로부터 수년 동안 지속적인 성폭행을 당해왔다는 사실로 인한 정신적 고통과 분노로 자신도 모르게 팔목을 칼로 긋는 등 자해와 자살 시도를 하는 습관이 생겼지요.

답 예. 그랬습니다.

문 그리고 공황 장애 발작과 원인을 알 수 없는 신체 마비 그리고 악몽으로 인한 수면 장애 등의 증상이 발병해서 여러 차례 입원 치료를 받았지요.

답 예. 아까 증거로 제시된 입퇴원 확인서에 따르면 분당서울대학교병원 개방 병동의 한 달간, 폐쇄 병동에도 입원했습니다.

문 2021. 7.경 우연히 증인으로부터 위 사실을 알게 된 피고인은 가해자가 처벌 받지 않으면 증인의 자살 충동과 정신 질환 등이 치유되기 어렵다고 판단하고 일정한 수입이 없는 증인에게 변호사 보수를 받지 않고 가해자에 대한 고소 대리를 맡아주겠다고 약속했지요.

답 그렇습니다. 맨 첫 번째 증인 신문에서 말씀드렸듯이 제가 모든 연락을 끊고 잠적했던 때가 그때였습니다. 그때 제 안부를 걱정해서 피고인이 전화해주었고, 자초지종을 물었고, 그리고 '고소하지 않는다면 저는 계속 고통스러워할 것이다. 당신이 채증을 하지 못했지만 고소를 할 수 있다. 당신은 피해자임이 분명하다'라고 제게 확신을 심어주어 저의 마음을 평온하게 했습니다.

문 피고인은 피고인의 사무실 등지에서 여러 차례 증인과 상담 및 회의를 하면서 가해자 고소를 위한 사실 관계 파악 및 증거 수집 등을 하였지요.

답 맞습니다.

피해자 변호인 ○○○

존경하는 재판장님, 지금 증인의 진술이 이 사건과 무슨 관련이 있는지 저희로서는 알 수가 없는데요.

피고인

거의 다 끝났습니다.

피고인

증인에게

문 그 과정에서 증인의 정신적 상처와 고통을 건드리지 않도록 세심하게 조심하고 증인을 배려했지요.

답 피고인은 사실 관계를 정확히 파악하면서도 그와 관련된 저의 상처나 트라우마를 건드리지 않았습니다. 그래서 만약에 피고인이 조금이라도 저를 힘들게 했다면 저는 아마 당시 상태로서는 피고인의 사무실에서 쓰러졌을 수도 있겠습니다.

문 증인은 3년이 넘도록 피고인과 가까이 지내왔지요.

답 맞습니다.

문 그리고 그동안 여러 차례 피고인과 단둘이 회의실 같이 외부와 차단된 공간에 있거나, 함께 식사를 하거나, 술을 마신 일도 있었지요.

답 자정이 넘은 시간에 맥주를 마신 적도 있었습니다.

문 단둘이요.

답 예.

문 그런데 단 한 번도 피고인이 성폭행 피해자인 증인에게 불편함을 줄 수 있는 부적절한 말과 행동을 한 사실은 없었지요.

답 저는 피고인의 다양한 모습을 보았습니다. 저는 피고인과 매우 친밀한 지인으로서 사석에서의 피고인의 자유로운 모습들을 많이 보았습니다. 예컨대, 농담을 한다거나 가끔은 화를 낸다거나 피곤하다거나 불평을 한다거나, 그러나 단 한 번도 여성이나 약자에게 수치심을 주거나 모욕을 하는 발언을 한 적은 없습니다. 그런 행위를 한 적도 없습니다.

문 그래서 증인은 피고인이 처음 만난 여자 변호사에게 가슴을 손으로 찌르거나, 손을 주무르거나, 허리를 감고 등을 더듬는 등의 추행을 했다는 주장이 말도 되지 않는 터무니없는 얘기라고 생각하는 것이지요.

답 증거도 그렇게 설명하고 있고 제 생각 역시 그렇습니다. 저는 이렇게 말씀드리고 싶습니다. 만약에 피고인이 정말로 여성을 성추행할 의도가 있었다면 그렇게 친밀하게 지냈던 저한테 먼저 하지 않았겠습니까?

문 증인이 가해자로부터 최초 성폭행을 당하고 신고도 하지 못하고 결국 수년 동안 지속적인 성폭행을 당했던 이유는 가해자가 증인에게 수개월 동안 지속적으로 자신은 아버지와 동년배로서 증인을 부녀 관계처럼 아끼는 스승이라고 주지시키면서 뇌종양으로 시한부 선고를 받았다거나, 군대에서 강간을 당해서 여러 차례 자살 시도를 했다는 등의 말로 증인의 동정심과 불안감을 유발하는 식의 가스라이팅을 했기 때문이지요.

답 맞습니다. 나중에 반복된 자살 시도와 입원과 트라우마 치료를 끝으로 제가 그것이 저의 잘못이 아니라 가해자의 잘못이었음을 깨닫게 되었습니다.

문 만약 위와 같은 가스라이팅을 당하기 전에 처음 만난 자리에서 가해자가 증인에게 부적절한 신체 접촉 등 추행 행위를 했다면 증인은 당연히 그 자리에서 가해자의 행위를 제지하거나 항의하거나 자리를 피했겠지요.

답 저는 당연히 항의했을 것입니다. 그리고 제게는 같은 경험이 있습니다. 기습 추행 피해를 당한 경험이 있습니다. 이 경험을 저는 굳이 신고하지 않았습니다만, 과거 제가 대형 학원의 강사로 일할 당시에 강사들끼리 MT를 갔을 때 동료 남성 강사가 제가 술 취해 잠든 것으로 착각하고 저에게 성추행을 시도했던 일이 있었습니다. 그때 저는 있는 힘껏 그 강사의 손을 뿌리치고 몸을 밀어내고 밖으로 나와서 줄담배를 피웠습니다. 저는 그러한 저항은 즉, 아무런 이유나 상황이나 맥락이 없는 상태에서 기습 추행에 저항하는 것은 지극히 상식적이고, 상식적이기 이전에 본능적인 것이라고 생각합니다.

검 사

증인에게

문 지금 여러 차례 길게 설명했는데요. 굉장히 힘든 일을 겪은 것 같은데요. 그 사건은 지금 어떻게 진행되었나요.

답 그 사건은 사실 피고인과 함께 고소를 추진하였으나, 제가 선거에 출마하게 되었고 그리고 선거 출마 이후에 많이 바빠졌고 그 이후에는 건강이 상당히 나빠지면서 조금 일정이 밀리게 되었습니다.

문 고소장은 접수했나요.

답 아직 하지 못했습니다. 고소장을 준비하던 와중이었습니다.

문 현재 준비 중인가요.

답 예. 준비하다가 잠깐 딜레이되었다고 보면 될 것 같습니다.

문 지금 진술한 내용을 보면 굉장히 심각한 성폭력 피해를 입은 것 같은데 잘 극복하시기 바랍니다.

답 감사합니다.

문 이 사건 피해자는 누구인지 알고 계신가요.

답 전혀 모릅니다. 사건의 내용만 알고 있을 뿐입니다.

문 증인은 앞서 진술할 때 '피고인이 그 동영상을 가지고 있다. 그런 사실을 알고 있다' 이렇게 진술했는데요.

답 그렇습니다.

문 그러면 증인은 그 동영상을 직접 보았는가요.

답 예. 피고인과 함께 피고인의 사무실에서 제 증인 신문을 준비하는 과정에서 동영상을 보았습니다.

문 이번 증인 신문을 준비하는 과정에서요.

답 예.

문 너무 힘들게 진술했다는 생각을 하고 있습니다. 그런데 증인은 이 사건 범행 현장에 있지는 않았지요.

답 현장에 없었습니다.

문 그리고 이 사건에 직접 목격한 사실은 없는 것이지요.

답 맞습니다.

피고인

증인에게

문 증인이 하나 착각하는 것 같은데요. 현장 동영상은 증인 신문을 준비할 때 봤다고 말씀하셨는데, 피고인은 현장 동영상을 페이스북에 공개하지 않았습니까?

답 페이스북이요? 제가 피고인의 페이스북을 다 보지는 못하지만 들으니까 기억이 납니다.

문 그때 처음 봤던 것 아닌가요.

답 그렇지요. 제가 왜냐하면 동영상의 존재를 알고 있었기 때문에 증인 신문을 준비하는 와중에 사건의 내용이 더욱 디테일하게 궁금해서 아마 피고인께 여쭈었던 것으로 기억이 납니다.

- 끝 -

원망을 지운 자리

 나는 가장 어두웠던 그 시기에, 수감 중인 안희정 지사에게 말없이 호소했다. 제발 철창을 부수고 나와서 나를 꺼내 달라고. 당신의 그림자에서 벗어나 당신을 알지 못하던 시절로 돌아가게 해달라고. 그리고 나의 영혼이 감당할 수 없는 어둠이 나를 덮치고 있어 그 무게가 너무 무겁다고 말이다. 우리는 어쩌다 이렇게 되었을까. '말하자면 우리도 폐족인가' 하고 스스로 질문하기도 했다. 하지만 나는 다시 마음을 다잡고 생각했다.

우리는 사라지지 않았다. 우리는 시대의 흐름에 맨뺨을 갖다 댔던 사람들이다. 우리는 그 격랑의 가장 어두운 곳에 휩쓸리고 있었을 뿐이다.

어쩌면 우리는 요직에 올라 일하는 것보다 더 생생한 정치적 노동을 하고 있었는지도 모른다. 우리는 진실에서 비껴나 있으면서도 거대한 에너지를 뿜어내는 담론과, 그것을 공정하게 적용하지 못하는 권력 구조의 모순에 짓눌려 있었다. 그러나 우리는 그 초상을 마주했을 뿐 실제로 잃은 것은 없었다. 만약 잃은 것이 있다면, 그것은 본질이 아닌 부차적인 것에 불과했다.

그 믿음이 선명해졌을 즈음, 나는 안희정 지사에 대한 원망을 거두었다. 거둘 수밖에 없었다. 우리는 예수가 아니기 때문이다. 누구의 잘못도 아닌 시대의 죄를 대신 짊어질 수는 없었다.

하지만 거시적으로 보면 모든 일이 마치 필연처럼 느껴졌다. 그러기에 나는 나에게 주어진 운명을 받아들일 수밖에 없었다. 가해자의 광기, 나의 가난과 고독, 지사의 만기수감, 그리고 연일 포털에 쏟아지는 페미니즘 관련 뉴스들까지 모든 것이 그렇게 말하고 있었다.

지금은 우리에게 주어진 고독의 시간이었다. 이 시간은 분명 우리를 어떤 방향으로든 성장시킬 것이었다. 그리고 지금과는 다른 정치적 지점으로 우리를 데려다놓을 것이었다. 설령 그 지점이 현실 정치와 다소 떨어져 있다 해도, 모든 권력이 국민으로부터 나오는 이 나라에서 국민의 생각과 행위, 그리고 책임은 본질적으로 정치적일 수밖에 없다. 그래서 우리는 처음부터, 그리고 앞으로도 정치적일 수밖에 없는 사람들이다.

—

솔직히 말하면, 지사가 전혀 원망스럽지 않을 수 없었다. 때로 허무한 감정 속에서 그를 원망하기도 했다. 하지만 그 감정은 누구를 정확히 겨누는 화살처럼 구체적이지 않았다. 지사의 사건은 '그가 벌인 일'이라기보다 '시대가 해석하여 사건화한 일'이었다. 그러기에 원망의 대상을 특정할 수 없었다. 아무리 원망스러워도 잘못하지 않은 사람에게 그 감정을 귀속시키는 건 공정하지 않다.

정치인의 참모라는 자리는 언제나 자신보다 팀을, 팀보다 국민을 중심에 두어야 하는 자리였다. 그 자리를 정신적으로라도 지켜내는 것이 지사의 사람으로서 내가 할 수 있는 유일한 일이었다.

나는 그 과정에서 정치란 무엇인지 생각하게 되었다. 정치의 본질은 권력을 획득하고 사용하는 것에 있지 않았다. 그보다 정치 주체로서 나와 시대의 관계를 어떻게 설정하느냐가 더 중요하다는 것을 깨달았다. 그런 의미에서 나에게 정치란 시대를 비추는 거울이었다.

정치인들은 대중의 호응을 받으면 그것이 시대정신의 응답이라고 말하고, 대중의 외면을 받으면 상대 진영을 탓한다. 하지만 그런 태도는 기복신앙처럼 유치하다.

이런 생각을 하게 된 데는 하이데거의 존재론이 큰 영향을 주었다. 하이데거에 따르면, 인간은 스스로의 삶이 어떤 모습이 될지를 선택하며 미래를 향해 자신을 던지는 존재다. 마치 공을 던지듯, 우리는 '존재 가능성'을 미래로 던지는 것이다.

하지만 그 공이 반드시 다시 되돌아와 우리가 원하는 대로 된다는 보장은 없다. 과거에 던진 선택이 지금의 나를 만들었고, 지금 이 순간에도 우리는 또다시 미래를 향해 어떤 삶을 살 것인지 끊임없이 선택하고 있기 때문이다.

이런 관점에서 안희정 지사의 사건을 되돌아보면, 우리는 선거라는 순간에 우리의 의지와 기대를 담아 공을 던진 것이었다. 그런데 시간이 지나면서 우리가 던진 공은 다른 누군가가 던진 공들과 충돌할 수밖에 없다. 그 충돌의 여파가 결국 우리에게 되돌아온 것이다.

우리는 세상에 던져진 그 모든 공들을 감당하기 위해서라도, 우리에게 주어진 침묵을 강요된 것으로 받아들여서는 안 됐다. 오히려 더 넓은 시대의 흐름 속에서 우리 자신을 객관적으로 바라보는 것이 필요했다.

이러한 생각에 이르는 내내 나는 외로웠다. 하지만 이 외로움은 나를 개인의 층위에서 보편의 층위로 나아가게 만들었다. 그리고 자신만의 길을 찾게 해주었다고 믿었다. 그 확신이 나에게 있다면 지사에게도 비슷한 확신이 있으리라 믿었다. 그것은 정치인과 참모 사이의 깊은 신뢰의 문제였다.

지사는 내가 성폭력을 당한 사실을 알고 나서 나에게 물었다.

"내가 원망스럽지 않았니?"

그 순간에도 나는 그를 본질적으로 원망하지 않았다. 우리는 정치적 관계였고 시대가 엮어준 인연이었기 때문이다.

우리는 정의에 복무하는 사제였다. 그 관계 안에서만 가능한 신뢰였다. 진영도 없었고 사람도 없었다. 오로지 사유와 봉사만이 있을 뿐이었다.

사라진 중심에 남겨진 프레임

문재인 정부 5년은 몽환과 광기의 시대였다. 대다수 국민이 문재인 정부가 나라를 완전히 새롭게 만들고 불의한 기득권이 폭로될 것이라 믿었다. 하지만 그동안 국민에게 드러나지 않은 또 다른 권력이 그 뒤에서 날뛰고 있었다. 국민이 정의 실현의 꿈을 꿀수록 정의를 실현하기 위해 지목된 '죄인'들은 점점 엉뚱한 존재가 되어갔다.

비판적인 지지도 중요하고, 자기 편이 잘못했을 때 그를 냉정히 쳐내는 태도 역시 중요하다. 그것은 민주주의 사회에서 시민의식의 척도이기도 하다. 하지만 그것을 실현한다는 명목으로 국민 앞에 던져진 '죄인' 가운데는 억울한 이들도 있었다. 때로 그들은 보수와 진보 사이의 기울어진 운동장에서 죄인이 된 사람들이었다.

국민이 그들을 죄인이라 부르던 순간, 진짜 기득권은 그 이름표 뒤에 숨어 야만적인 방식으로 권력을 유지했다. 하지만 대부분의 국민은 그 실체를 알지 못한 채, 십자가를 향해 미친 듯이 돌을 던질 뿐이었다.

그런 관점에서 나는 안희정과 조국, 박원순은 시대를 앞서간 국민과 시대에 뒤처진 기득권 사이의 괴리를 온몸으로 경험한 사람들이었다고 생각한다.

우리는 진보를 말하기에 앞서, 진보라는 개념부터 다시 설정했어야 했다. 그 역할은 언론이 맡아야 했다. 만약 언론의 비판적인 기능이 제대로 작동했다면, 아무런 강제 없이도 자연스럽게 개념 정립이 이루어졌을 것이다.

당시 조국 전 법무부장관에 대한 기사가 비정상적일 만큼 무수하게 쏟아져 나왔다. 반면 안희정 전 지사에 대한 기사는 피해자 측에만 집중되었고, 2차 가해라는 프레임이 덧씌워진 기사들만이 나올 뿐이었다.

박원순 사건에서도 마찬가지였다. '피해자'라는 명칭 대신 '피해호소인'이라는 표현을 쓴 것을 두고, 민주당이 자기편의 성범죄는 보호하면서 다른 진영의 성범죄에는 과도하게 엄격하다는 비판이 제기되었지만 실상은 그 반대였다.

민주당은 안희정과 박원순을 바로 제명했다. 또한 진상 파악도 하기 전에 여성 의원 중심으로 시키지도 않은 사과를 했다.

당시 여당은 관망적인 태도를 보였다. 오히려 여당은 '민주당이 자기편의 성범죄만 비호한다'고 주장했던 극렬 페미니스트들을 진영 논리에 기대어 끌어안기도 했다. 이 모든 상황은 더 이상 정의와 불의라는 언어로는 설명할 수 없었고, 설득도 불가능한 부조리한 풍경이었다.

유효한 언어를 찾아서

 2024년, 홍대 화방에 볼일을 보러 가던 어느 날이었다. 정철승 변호사에게서 전화가 걸려왔다. 그는 민주당 전 대표 송영길을 대표로 하는 '소나무당'이라는 신당 창당에 참여하고 있다고 했다. 그는 나에게 비례대표 후보로 출마할 생각이 있느냐고 물었다. 전화를 받을 때만 해도 나는 사실상 정치권 어느 곳에도 발 들일 수 없을 것이라고 생각했다. 정치에 대한 욕망도 오래전에 사라진 뒤였다.
 애초에 내가 안희정 캠프에 참여했던 이유는, 전공 분

야인 예술의 공감 능력과 통찰력 같은 특수한 역량을 활용해 그를 보좌하고 싶었기 때문이었다. 정치적 야심이 있었던 것은 아니었다.

게다가 '진보 반페미'라는 입장은 매우 드물었기 때문에, 진보와 보수 양쪽 모두에게 결코 환영 받을 수 없는 포지션이었다. 진보 진영은 페미니즘, 보수 진영은 반페미니즘이라는 괴이한 진영 논리 속에서 나는 진보의 무리한 페미니즘을 지지할 수 없었다. 그렇다고 반페미니즘을 기득권 수호의 수단으로 삼는 보수 진영으로부터 훈장을 받을 수도 없었다.

나는 정치적으로 고독했다. 애초에 '내 편'과 '네 편'의 구별도 없었다. 마음 놓고 지지할 수 있는 정당이나 정치 세력도 없었다. 내 지조를 타협할 생각도 물론 없었다. 그런 내가 비례대표가 된다 한들 지지를 받을 수 없다는 생각이 들었다.

하지만 내 생각을 선거라는 공론장에 내놓을 수 있다는 가능성에는 설렜다. 내 생각을 말할 수만 있다면, 그 '말'이 땅에 머리를 박는 읍소든, 목이 갈라지는 외침이든, 무엇이든 할 수 있었다. 나는 피해자와 가해자의 입장을 모두 이해할 수 있었다. 그리고 제도의 한계와 악용, 정치화된 제도의 권력화, 그 이면에 숨은 또 다른 권력에 대해서도 이야기할 수 있었다. 무엇보다 젠더 문제를 조금이라도 정상적인 방향으로 이끄는 데 기여할 수 있으리라는 확신이 있었다. 나는 원래 공론장에 나서는 사람은 어느 정도 망가져야 한다고 믿었다. 나는 기꺼이 망가질 준비가 되어 있었다.

나는 비례대표 제안을 수락했다. 어쩌면 지금까지 내가 미투를 지켜보며, 또 그것이 사회에 불러온 정치적 파장을 보며 해온 생각들을 공론장에서 펼쳐놓을 수 있을지도 모른다고 생각했다.

그것이 비록 개인적인 신념에 불과할지라도, 지금보다 더 큰 무대에서 내 생각을 펼치는 일이 어렵지 않을 것 같았다. 대중의 에너지를 받으며 그 에너지에 감응하여 말할 때 유효한 말이 나올 수 있기 때문이다. 비례대표 제안은 내가 '유효한 언어'를 가질 수 있다는 가능성이기도 했다. 나는 맨몸으로 바다에 뛰어드는 기분으로 그 제안을 받아들였다.

—

사실 소나무당은 존재감이 거의 없는 정당이었다. 송영

길 전 대표가 받았던 검찰의 표적 수사와 탄압은 조국에 대한 수사에 가려져 있었다. 반면 조국혁신당의 주가는 급상승하고 있었다. 민주당은 더불어민주연합을 만들면서 송영길을 배제했고, 그의 명예를 회복하려는 공식적인 시도는 없었다. 게다가 연동형 비례대표제 시행으로 비례 후보군은 매우 넓어졌다.

송영길 전 대표는 2022년 당시 자신의 지역구인 인천계양을 국회의원직에서 사퇴하고 서울시장에 출마했다. 그때 20대 대선에서 윤석열에게 패배한 이재명은, 송영길의 지역구에서 치뤄진 국회의원 보궐선거에 당선되면서 대권 후보로 급부상하게 된다. 반면 송영길 전 대표는 서울시장 선거에 낙선하면서 완전히 정치적으로 고립된 상태가 되었다.

어쩌면 그래서 소나무당은 더 자유롭게 공적 발화와 공약 제시가 가능했는지도 모른다. 소나무당은 기성 언론 매체 대신 스픽스, 뉴탐사, 김성수TV, 매불쇼와 같은 대안 언론과 긴밀한 관계를 맺으며 입지를 넓혔다. 특히 스픽스와 뉴탐사, 김성수TV는 소나무당의 아군이라 해도 좋을 만큼 우호적이었다.

소나무당은 말도 안 될 만큼 작은 조직과 적은 자금으로

운영되고 있었다. 더구나 옥중에서 소나무당을 창당한 송영길 대표가 지역구로 출마한 상황이었다. 그 속에서 비례대표들의 공약과 메시지가 중심이 될 수는 없었다.

뉴탐사는 외인부대 같던 소나무당을 '정치권의 돈키호테'로 평가했다. '높은 곳에 있는 자들'의 서사만 구경하던 시민에게, 소나무당은 '시민이 주인이 되는 정치'를 제안했다는 점에서 그렇게 평가한 듯했다.

나의 비례대표 수락 조건은 단 하나였다.

"제가 하고 싶은 말을 하게 해주십시오."

나는 당시 선대위원장이었던 손혜원 전 의원에게 내가 왜 안희정·박원순 사건이 페미니스트 관점에서 편파적으로 처리되었다고 생각하는지 말했다. 그리고 그에 맞서 만들었던 방송들, 문재인 정부 말기에 소외된 586세대에 대한 판단, 586식 투쟁의 한계에 대한 내 관점과 청년 세대 여론에 대한 이해 등을 솔직하게 털어놓았다.

나중에 제3자에게 들은 바는 손 전 의원은 나를 두고 "뭐 저런 미친 녀석이 다 있나"라고 생각했다고 한다. 면접 초반에 "우리 당을 어떻게 생각하냐"는 질문에 내가 "소나무당은 정당계의 3D 같아요"라고 대답했기 때문이란다. 자금도 없고 조직도 없고, 구성원들 또한 정파가 아니라 공약 중심으로 모였기 때문에 기존 정당과는 완전히 다른 지점이 있었다. 나는 손 전 의원에게 말했다.

"페미니즘 수정연설을 하고 싶습니다. 그거면 됩니다."

손 전 의원은 화통하게 대답했다.

"하세요! 하고 싶은 거 다 하세요!"

내가 생각한 페미니즘 수정연설은 일종의 대국민 담화와 같은 것이었다. 지금도 그것이 결코 대담한 꿈이었다고 생각하지 않는다. 페미니즘의 문제는 성별과 세대, 계급과 사법—즉, 특정인에 대한 생사여탈권의 문제—그리고 역사와 현재를 모두 관통하는 문제다. 이 문제는 단순히 페미니즘과 안티페미니즘, 그리고 자칭 휴머니스트들의 '사이다 발언'으로 해결될 수 있는 문제가 아니다. 오히려 그런 지엽적인 콘텐츠를 소비하는 것이 문제를 더 크게 만들었다.

나는 당원 투표 끝에 비례대표 5번을 받았다. 우리 당은 국회의원이 배출될 경우 임기 전체를 채우지 않고, 각자 자신의 공약만 실현한 뒤 다음 후보에게 자리를 넘기기로 비례대표끼리 합의했다. 3번이었던 손 전 의원은 거의 즉시 사퇴를 염두에 두고 있었기에, 1번 후보가 당선된다면 나에게도 산술적으로는 기회가 있었다.

　하지만 나는 애초에 당선을 목표로 선거를 치르고 싶지 않았다. 결과는 신이 내리는 것이고, 과정이 중요하다고 믿었기 때문이다. 그리고 나는 그 과정이 결코 헛되지 않으리라는 것도 알고 있었다.

병든 페미니즘

그해 초봄, 나는 상암동에서 정철승 변호사와 함께 〈김성수TV〉 녹화를 진행하게 되었다. 주제는 '병든 페미니즘'이었다. 그날 나는 '페미니즘 카르텔'이라는 용어를 처음 사용했다.

나는 여성가족부뿐 아니라 해바라기센터의 월권, 일부 정신과 병의원의 사실 확인 없는 피해자 편들기, 성인지 감수성과 2차 가해라는 개념을 눈치 보듯 법리에 끼워 넣어 물증 없이도 여성이 마음만 먹으면 남성을 성범죄자로 만들 수 있는 사법부, 여성가족부 산하 기관에서 생산되는 남성 혐오 콘텐츠에 대해 비판했다. 그리고 각 정당의 페미니스트들과 셀 수 없이 많은 여성 단체들은 모두 한통속이라고 주장했다. 그들은 모두 래디컬 페미니즘(Radical feminism, 급진적 여성주의)의 이념을 신봉하고 있으며, 민·관·준공공 기관 간 협력은 어떤 분야보다 잘 작동하고 있다고 말했다.

나는 페미니즘 문제를 진영 논리와 혼동하지 말 것을 강조했다. 많은 사람들이 '진보는 곧 페미니스트, 보수는 안티 페미니스트'라고 여겼지만, 현실은 그보다 훨씬 복잡했다.

그날 방송에서 내가 '페미니즘 카르텔'을 향해 토해낸 울분 섞인 역설은, 엉뚱한 곳에서 더 큰 반응을 일으켰다. 2030세대와 40대 초반 남성 여론이 형성되는 커뮤니티 '에펨코리아'에서였다. 에펨코리아의 정치·시사 게시판은 말 그대로 나로 도배되었다. 처음에는 방송에서 말한 내용이 그들을 설득한 줄로만 알았지만, 현실은 나의 상상을 훨씬 뛰어넘는 수준이었다.

에펨코리아에서는 나를 중심으로 소나무당 후보들의 프로필이 공유되었고, 소나무당의 정체성에 공감하는 글들이 이어졌다. 무엇보다 젊은 세대가 중심인 커뮤니티답게 수많은 '소나무 짤방'이 생성되었다.

그들은 진심으로 자신들의 목소리가 소나무당을 통해 반영될 수 있다고 믿는 듯했다. 물론 나 역시 그런 확신이 있었다. 나는 국회의원이 된다면 가장 먼저 박원순 사건을 은폐하고 있는 국가인권위원회를 '털' 생각이었다. 내가 왜 그렇게까지 페미니즘에 대해 원론적 비판을 펼쳤는지를 묻는다면 나에겐 준비된 답이 있었다.

"인권은 모두를 위한, 모두의 것입니다. 그러나 우리나라에서는 페미니즘이 소수자와 약자를 껴안는다는 명목 아래, 마치 페미니즘적 사고가 곧 인권이고, 이에 반기를 들면 그는 반인권주의자로 낙인 찍힙니다."

무고한 이들과, 불공정하게 설파되고 집행된 담론의 피해를 뿌리부터 꿰뚫고 수정할 수 있는 권한이 내게 생기자, 나는 주저 없이 투사가 되었다. 내가 하고 싶었던 〈페미니즘 수정연설〉은 바로 그런 배경에서 출발했다.

우리는 인권 앞에서 남성과 여성을 나눌 수 없습니다. 인권을 실현하기 위해 필요한 것은 강자에 대한 견제와 약자에 대한 보호뿐입니다. 누가 강자이고 누가 약자인지는 성별에 따라 달라질 수도 있지만, 고도로 발전한 사회에서는 그 역할이 역전되기도 합니다.

먼저 저의 정체성을 밝힙니다. 저는 성폭력 피해를 당한 여성입니다. 약자가 당하는 폭력은 제도의 힘으로 해결되기 어려운 형태를 띱니다. 고용관계나 생계비를 빌미로 한 성착취는 피해자에게 자신이 돈을 받고 성을 팔았다는 착각을 유발합니다.

사람들은 '그런 행위가 있었을 때는 떨치고 직장을 나왔어야지'라고 말하지만, 실제로 그 폭력의 양상을 들여다보면 처음에는 진위를 알 수 없는 언사로 시작합니다. 이후 그런 언사에서 형성된 친밀감을 바탕으로 여러 부탁이 오고갑니다. 그리고 어느 날 성폭력이 벌어집니다. 그때는 이미 도망칠 수도, 외부에 도움을 청할 수도 없는 상황이 되어 있습니다.

성폭력 이전의 친밀했던 나와 그의 모습을 기억하는 이들이 있고, 무엇보다 나는 그런 일이 벌어질 줄 모르고 자발적으로 그의 곁에 남았기 때문입니다. 여기에서 저는 약자이고, 그는 강자입니다. 그러나 과연 그럴까요? 제가 피해를 고백하고 고발하려는 바로 그 순간부터 저는 강자, 아니 최강자가 됩니다. 제 진술을 들은 여성단체는 저를 보호할 것이고, 법정에서는 커튼을 친 채 진술할 수 있으며, 변호사가 모든 절차를 이끌 것입니다. 재판부는 틀림없이 그에게 중형을 선고할 가능성이 높습니다.

지금 여러분은 제가 직접 나서서 제 피해를 이야기하기 때문에 제 말이 진실이라고 생각하실 수도 있습니다. 제 입장에서는 진실을 말하고 있지만, 어떤 물증도 없는 저의 진술이 진실인지 아닌지를 판별할 수 있는 사람은 아무도 없습니다. 그럼에도 불구하고 저는 언론에 의해 피해자로, 그는 가해자로 불릴 것입니다.

저는 가해자와 관계를 끊으며 약속 하나를 했습니다. 증거재판주의를 지지해온 사람으로서, 마음속으로 그를 단죄하되 결코 신고하지 않겠다고 말했습니다. 저의 판단이 지혜로웠을까요? 그 여부를 떠나, 저는 공익을 위한 판단을 내렸다고 생각합니다. 그 누구도 방어권을 상실해서는 안 됩니다. 그것이 우리 법이 우리 국민과 한 약속입니다.

문재인 정부 초기에 페미니즘은 폭주했습니다. 2018년 당시 여성가족부장관이 혜화역에서 있었던 '불법 촬영 편파 수사 규탄 시위'에 참석한 뒤 본격적으로 미투 운동이 확산되자, 대통령은 SNS에 가해자를 발본색원하라고 지시하는 글을 올렸습니다. 성범죄 사건에 연루돼 재판 중인 사실만으로도 직장에 통보되기도 했습니다.

"남성은 잠재적 가해자다."

"한국 남성은 모두 한남이다."

"강간 문화를 공유한다."

"포르노를 보는 것은 곧 강간 문화에 동참하는 것이다."

"여성은 성적으로 대상화되어 있으며 이는 여성이 2등 시민임을 의미한다."

"무고죄 고소는 성범죄 재판이 끝날 때까지 유예되어야 한다."

"친고죄도 폐지해야 한다."

"피해를 주장한 여성에 대한 모든 의심은 2차 가해이며 단죄되어야 한다."

이런 주장들이 쏟아졌습니다. 심지어 무고죄를 폐지하자는 담론까지 등장했습니다. 하지만 그 누구도 이에 대해 법리적 근거를 들어 공개적으로 반박하지 못했습니다. 그것은 법률가나 정치인의 잘못이 아닙니다. 페미니즘 진영이 이미 국가 체계를 넘어서는 지배력을 꿈꾸고 있었고, 아이러니하게도 그 꿈은 정부에 의해 뒷받침되고 있었기 때문입니다.

문재인 대통령 당선 당시, 한마음으로 촛불을 들었던 우리를 기억하십니까? 우리가 원했던 것은 페미니즘이 아니라 민주주의였습니다. 그래서 그들의 구호를 무심히 지나쳤을 수도 있습니다.

"페미니즘의 완성이 곧 민주주의의 완성이다."

이 말은 단 하나의 무서운 함의를 품고 있습니다. 페미니즘적 사고를 내면화하지 못한 사람은 민주주의자가 아니라는 뜻입니다.

페미니즘과 진보 정치의 기묘한 동거는, 함께 촛불을 들었던 젊은 남성들을 정치에서 완전히 소외시켰습니다. 그들을 주류 정치에 반하는 '바닥 민심'으로 전락시켰습니다. 그렇게 민주주의적이고 싶어도 민주주의자가 될 수 없고, 진보적이고 싶어도 진보할 수 없는 억울한 남성들의 행렬을 우리는 수년간 지켜봐야 했습니다.

인권과 페미니즘은 동의어가 아닙니다. 현재는 페미니즘을 담당했던 이들이 보편적 인권을 논하고 있으며, 국가의 인권 기조를 형성할 수 있는 권위까지 갖고 있습니다. 그러나 그들 중 누구도 평범한 생활인, 즉 그저 출퇴근을 반복하며 회사에서의 부당함과 미래에 대한 불안을 삼키고 살아가는 무색한 남성에 대해 진지하게 고민하고 있지 않습니다.

그들은 피해자, 특히 유명 남성을 상대로 피해를 주장하는 여성을 앞세워 자신들의 담론 영역을 확장하고 있습니다. 페미니즘은 제3의 진영입니다. 어떤 문제가 발생했을 때, 당파를 초월하여 거국적으로 단결할 수 있는 유일한 세력은 페미니즘 세력뿐입니다. 안희정 사건을 떠올려보면, 전국의 여성단체가 모여 그를 매장했습니다. 여론은 그를 단순한 불륜에 빠진 남자라고 보았지만, 엘리트들은 그렇게 말하지 않았습니다. 그리고 발언권은 일반 시민이 아닌 엘리트에게만 주어졌습니다.

특히 안희정 전 지사 사건의 1심과 2심 사이, 성인지 감수성과 2차 가해 개념이 본격적으로 도입되기 시작했습니다. 엘리트와 일반 시민 사이의 비대칭성, 그리고 '새롭고 참신한 담론'이라는 미명 아래 행해진 폭력은 분명히 존재했습니다.

무고 사건이 늘어난다는 국민적 분노 앞에서 페미니스트들은 되묻습니다. "여성들이 왜, 어떤 악의로 무고를 하겠습니까?" 그러고는 무고율이 1%도 되지 않는다고 주장합니다. 그렇다면 남성은 왜, 어떤 감정으로 이토록 삼엄한 시대에 여성의 정조를 침해하겠습니까? 왜 이런 기준은 여성에게만 적용되고, 남성에게는 적용되지 않습니까? 참으로 이상한 일입니다.

여성계는 아직도 자신들을 진보주의자라 칭합니다. 그러나 그들은 검찰 내부에 만연한 성비위, 티눈처럼 뽑기 어려운 뿌리 깊은 성비위에 대해서는 말하지 않습니다. 언급한다 해도 국민이 알아차릴 수 없을 만큼 소극적입니다. 만약 그들이 정말 '페미니즘의 완성이 민주주의의 완성'이라 믿었다면, 그들의 선택적 정의는 결코 정당화될 수 없습니다.

문재인 정부 출범 초기, 저는 그들이 검찰과 재벌 내부의 성비위와 여성에 대한 저열한 인식에 맞서 싸울 것이라 기대했습니다. 하지만 그들은 그러지 않았습니다. 오히려 모든 국민이 부당하다고 느끼는 기득권층의 타락에는 손대지 않았고, 형사적으로 다툼의 여지가 있는 사건에 자신들의 이념을 덧씌워 헤게모니 투쟁의 도구로 삼았습니다. 이는 촛불혁명의 기치를 스스로 배신한 일입니다.

그들은 자발적으로 일어난 미투 운동을 그저 '지원했을 뿐'이라 주장합니다. 그러나 그 말은 석연치 않습니다. 그들은 고발자를 무조건 피해자로 보호하기보다는 사건의 진위를 확인하고, 공정하고 강직한 판단을 했어야 했습니다.

그리고 저는, 가장 슬프고도 가장 많은 모욕이 뒤따랐던 박원순 사건을 말하지 않을 수 없습니다. 이 사건은 문재인 정부 말기에 발생했습니다. 당시 이미 2030과 40대 남성 대부분이 민주당에 등을 돌리고 있었습니다. 민주당이 꺼낸 '피해호소인' 표현은 진영 논리로 해석되기에 충분했다고 생각합니다.

하지만 실상은 달랐습니다. 민주당 여성 의원 전원이 사과했고, 시민운동가 박원순의 도움을 받아 국회의원이 된 여성 의원들 역시 그를 범죄자로 규정하는 데 앞장섰습니다. 경찰은 모든 혐의에 대해 무혐의 결론을 내렸지만, 인권위는 독단적으로 직권조사를 실시했고, 두 건의 신체 접촉을 인정했습니다.

그 결과는 떠돌던 낭설과 결합되어, 마치 박원순 시장이 국가로부터 성범죄자로 공식 인정받은 것 같은 인상을 남기며 사건은 마무리되었습니다. 아니, 사실은 아직 마무리되지 않았습니다. 저와 저의 동지들은 지금도 박원순 사건의 진실을 밝히기 위해 투쟁하고 있습니다.

현재 권력을 쥔 페미니스트들은 586세대 바로 다음 세대입니다. 한국 사회가 빠르게 발전했기에, 그들 또한 실제로는 차별을 경험했을 수 있습니다. 만약 그들이 정말 지적인 사람들이었다면, 진짜 기득권이 누구인지, 그들이 저질러온 비위가 무엇인지 누구보다 잘 알고 있었을 것입니다. 그런데도 그들이 안희정, 박원순 사건 앞에서 "586 남성은 왜 여성을 혐오하는가"와 같은 칼럼을 쓰는 것을 보며, 저는 깊이 개탄했습니다.

우리는 더 나은 미래로 나아가고 있을 것입니다. 그 희망을, 특히 젊은 여성들이 품은 순진한 희망을 팔아 담론 영업을 벌이는 자들을 견제할 수 있다면, 우리는 반드시 앞으로 나아갈 수 있을 것입니다.

나는 내가 원하던 〈페미니즘 수정연설〉을 선거 기간에는 하지 못했다. 형식상의 한계가 있었고, 나는 개인이 아니라 당원이었기 때문이다. 선거 출마에 담긴 나의 진의와 선거를 통해 하고 싶었던 진언은 분명했다. 나는 이 진언이 대안 언론 안에만 갇히지 않고 전국으로 퍼져 나가기를 바랐다. 그래서 에펨코리아 유저들에게 무척 고마웠다.

그러나 투표를 이틀 앞둔 날, 그들은 내가 도저히 대답할 수 없는, 아니 대답하기에는 이미 너무 늦은, 설령 대답하더라도 당시 분위기 속에서는 설득력을 가질 수 없는 질문을 던졌다. 첫째는 왜 박원순 서울시장을 지지했느냐는 것이었다. 둘째는 왜 이재명 전 대표의 초상화를 그렸느냐는 것이었다. 나는 이 두 질문 앞에서 나름의 절망을 느꼈다. 개인의 힘으로는 진영 논리를 깰 수 없고, 진실은 진영 논리 앞에서 무력해지며, 대중은 사안을 단순화한다는 사실을 뼈저리게 깨달았기 때문이다.

이십 대의 종주먹질

 2018년, 대선이 끝난 뒤 나는 개인전을 준비하며 비교적 평화로운 시간을 보냈다. 그동안 몇몇 언론사와 기자들, 국회 쪽에서 나에게 연락을 해왔다. 모든 계약이 무리 없이 진행되는 듯했지만, 내가 반인권주의자라는 내부 고발이 들어가거나, 데스크에서 아무 이유 없이 '이 사람과는 일할 수 없다'고 선언하기도 했다. 평판 조회 등의 이유로 일은 종종 무산되었다.

 나의 경력으로는 더 이상 어떤 기업에도 이력서를 낼 수 없는 상태가 되었다. 이런 일이 처음은 아니었다. 과거에도 내가 출연하기로 되어 있던 토론회에서 나를 제외한 전원이 불참을 선언하는 식의 일이 있었지만, 그때는 경력에 치명적인 타격은 아니었다.

하지만 이십 대 후반이 된 지금, 더 이상 그런 일들을 묵과할 수 없게 되었다. 무엇보다도 나는 이제 더는 할 수 있는 일이 없다는 자각에 이르렀다. 이십 대 여성의 종주먹질로 해낼 수 있는 일은 거의 다 해봤다는 생각이 들었다.

나는 애초에 작가도, 기자도, 법률가도 아니었다. 내가 벌였던 모든 활동은 '작가'라는 애매한 정체성을 지닌 채, 내가 경험한 페미니즘과 그에 따른 정치적 부조리에 목소리를 낸 결과였다.

자신이 속한 진영에 묻혀, 혹은 자신이 지지하는 정치인에 대한 맹목적인 지지에 갇혀, 우리가 사회에 무심코 뿜어내는 독소 같은 것을 나 혼자 힘으로 어떻게 감당할 수 있을까. 나는 그 독소의 발끝을 겨우 만져본 것만으로도 내 몫을 다했다고 생각한다. 그리고 이제는 그것들을 어떻게 기억하고 어떻게 서술할 것인가가 더 중요해졌다.

지금도 박원순 사건의 진실을 밝히기 위해 애쓰는 동료

들은 법원으로부터 이례적일 만큼 편파적인 대우를 받고 있다. 나는 그들을 도와야 마땅했지만, 증인석에 앉았던 것 외에는 특별히 할 수 있는 일이 없었다. 재판을 따라다니면서도 목소리를 내지 못한 채, 그들의 계획에 조력자로만 머무르는 것이 지나치게 소극적인 대응처럼 느껴지기도 했다. 한편으로는 내 생계를 유지하는 것도 벅찼다.

    그러나 이 사건들을 단지 밝히는 데 그치지 않고, 역사에 오래도록 남기기 위해서는 나의 역할이 반드시 필요하다고 느꼈다. 나는 이 사건들이 '악의 사건'으로도, '악이 선을 이긴 사건'으로도 기록되길 원하지 않는다. 다만, 그 시대가 마주한 부조리로 남기를 바란다. 페미니즘의 부조리는 한국만이 아니라 세계 여러 나라에서도 여전히 격렬한 논쟁의 한복판에 있기 때문이다.

뒤틀린 감수성, 잃어버린 인권

위험한 말일 수 있지만, 한국이나 서유럽처럼 인권 논의가 활발한 나라에서는 정작 일상 속에서 인권을 진지하게 고민해야 할 상황이 거의 생기지 않는다. 그런 일이 생기면 대부분 경찰이나 정부가 먼저 개입한다. 그런데도 아이러니하게 이런 나라들이 오히려 '일상 속 인권'에 가장 큰 관심을 보인다.

인권의 실현은 결코 가벼운 문제가 아니다. 인권은 발전하거나 후퇴하는 개념이 아니라, 실현되느냐 되지 않느냐의 문제다. 나는 선진국의 인권 담론을 볼 때마다 종종 슬퍼진다. 그들이 사용하는 인권의 언어 속에는 선진국과 비선진국, 그리고 제3세계 사이의 격차가 뚜렷하게 드러나기 때문이다.

선진국의 의회에서는 아이의 엉덩이를 한 대 때리는 것을 금지하는 법을 만들고, 종교적 상징물 착용을 제한하기도 한다. 하지만 같은 시기에 제3세계의 아이들은 화학물질이 자욱한 쓰레기더미 속을 헤매며 먹을 것을 찾아다닌다. 우리는 그들에 대한 무지와 방치 속에서 인권에 대한 감각을 잃었거나, 인권을 너무 좁은 시각으로만 보게 되었다.

지금 시대에 맞는 새로운 인권 담론이 필요하다. 나는 현재의 인권 개념이 일상 속에서, 특히 가벼운 신체 접촉이나 동의한 성관계처럼 판단이 모호한 상황에서 여성의 편을 드는 쪽으로 작동하고 있다고 생각한다. 특히 래디컬 페미니즘과 결합하면서 인권의 개념이 남용되고 있다. 그 결과로 인권은 본래의 의미와 존엄성을 잃어가고 있다.

한국을 비롯한 여러 선진국에서는 최근 아동 체벌과 학생 외모 언급을 전면 금지하는 등 강한 인권 조치를 시행하고 있다. 하지만 이런 조치는 인권 감수성을 지나치게 높여,

무고한 사람을 피의자로 만들 위험이 있다. 그렇게 되면 우리가 〈세계인권선언〉에서 동의했던 '인권'이라는 개념은 현실에서 점점 멀어지게 된다.

지금 우리에게 필요한 것은 인권이 개인의 도덕성이나 윤리성을 판단하는 기준처럼 여겨지지 않도록 하는 일이다. 누구나 인권을 무기처럼 사용할 수 있는 지금의 상황은 반드시 바뀌어야 한다.

에필로그
다시 태어날 결심

　내가 어머니와 이별하지 않으면 안 된다는 예감은 나의 아주 오래된 주제였다. 나는 버스 좌석에 앉아 있을 때도, 책상 앞에 앉아 있을 때도, 길을 걸을 때도 생각했다. 그녀가 내 왼쪽 가슴을 단도로 찔러 죽여주었으면 하고 말이다.
　나는 알고 있었다. 그녀 또한 나에 대한 증오와 집착이 뒤섞인 병든 애착을 끊어내지 않는다면, 주체적인 삶을 살기 어렵다는 사실을. 그녀는 지금도 모르고 있겠지만 그녀의 삶은 결코 정상적이지 않다.

친엄마와 함께 살든 그렇지 않든, 친엄마가 병들었든 아니든, 친엄마가 학대를 했든 아니든, 나는 '친엄마'라는 존재가 한 사람의 심연에 얼마나 깊은 흔적을 남기는지를 온몸으로 직면했고, 동시에 회피하며 살아왔다.

이 책을 쓰는 동안, 나는 이미 집을 나간 어머니와 다시 한 번 이별을 해야 했다. 머릿속에만 존재하는 감정과 방치된 감정은 사람을 병들게 하고 생산성을 떨어뜨린다. 하지만 나는 내가 몸담은 세상을 향해 많은 것을 생산해야 했다. 그렇기에 결국 그녀의 슬픈 자아와 수없이 작별할 수밖에 없었다.

어린 시절의 나에게는 감정이 없었다. 그런데 이상하게도 인권과 페미니즘에 대한 모든 생각을 가장 말하기 어려웠던 대상은 어머니였다. 나의 발화는 언제나 무감정하고 형식적이었다. 반면 그녀는 격정적으로 반응했다.

그 속에서 나는 어떤 충돌을 느꼈다. 옛날식 여성성과 요즘식 여성성이 부딪히는 감각 같은 것이었다. 그녀의 격정은 두려움으로 가득 차 있었다. 남성에 대한 두려움과 사회에 대한 두려움, 자신보다 더 큰 모든 것에 대한 소녀 같은 두려움이었다. 나는 그녀의 두려움을 뚫고 나오기 위해 나의 여성성을 어느 정도 거세해야 했다. 적어도 그녀 앞에서는 여성이어서는 안 되었다. 남성보다 더 남성적이어야 했다.

래디컬 페미니즘의 맥락에서 보면 흥미로운 지점이다. 래디컬 페미니즘은 남성과 여성의 권리 평등이 이루어진 이후, 여성성의 고유한 특질이 남성 중심 사회에서 어떻게 소외되는지를 탐구하는 학문이기 때문이다.

나의 어색하고 애매모호한 여성성은 모두 그녀에 대한 저항에서 비롯되었다. 나는 느끼고 있었다. 내가 세상이 '여자'라고 부르는 섹슈얼리티를 받아들이는 순간, 내가 해왔던 모든 문제 제기와 활동이 약화되거나 무의미해질 수 있다는 사실을 말이다.

1996년생인 나는 강해지기 위해 여성성을 어느 정도 포기해야 했던 세대의 끝자락에 서 있다. 나의 학창시절만 해도 여성성은 곧 '약함'과 '감정적이고 비이성적인 태도' '맹목적'의 대명사였다. 여학생들은 아이돌 브로마이드를 보고 소리 지르는 존재였고, 캐릭터 필통을 들고 다니며 구름 무늬 무릎담요를 덮고 교실에서 잠드는 존재였다. 살찔까 봐 걱정하면서 매점에 가고, 메이크업에 목숨을 거는 그런 존재들이었다.

어머니는 나도 그런 여성이 되길 원했다. 그녀는 내가 명품을 좋아하지 않는다는 이유로 나를 때리기도 했다. 하지만 나는 생각했다. 사회가 여성성을 잘못 정의하고 있거나, 실제 여성들이 자신의 진정한 여성성을 잊은 채 살아가는 건 아닌지 말이다. 그런 생각 속에서 나는 공부에 몰두했다. 그러면서 자연스럽게 남자 선생님이나 일부 진지한 남학생들과 가까워졌다. 그런 나를 스스로 페미니스트라고 여겼다.

하지만 대학에 들어와보니 아이러니하게도 페미니즘에 동조하는 이들은 내가 거부해왔던 바로 그 종류의 여성성을 지닌 이들이었다. 그 기이한 전세 역전의 상황에 직면하기 전까지 나는 단지 돈이나 예쁜 것, 연예인, 이성교제에 관심이 없다는 이유만으로 내가 페미니스트라고 믿고 있었다.

—

그녀는 내 어린 시절뿐 아니라 내가 성인이 된 이후에도 나를 속박했다. 어쩌면 나는 그녀의 모든 행동 때문에 또래 사회에서, 그리고 세상에서 소외되었기에—세상이 정상이라 여기는 여성성을 갖추지 못했기에—여기까지 올 수 있었는지도 모른다. 그렇다면 오히려 그녀에게 감사해야 할까.

그녀를 떠올리면 각종 집기로 구타 당했던 기억만이 떠오를 뿐이다. 그녀에게 맞다가 안경이 깨져 눈에 박힌 기억, 뜨거운 음식을 뒤집어쓴 기억, 그리고 사전 같은 두꺼운 책으로 맞아 멍이 들었던 기억밖에 떠오르지 않는다. 그럼에도 불구하고 내가 이 책을 쓰면서 가장 많이 의식했던 존재가 그녀였다는 사실을 나는 어떻게 받아들여야 할지 모르겠다.

하지만 하나는 확실하다. 나는 이제 그녀로부터 완전히 벗어나야만 한다. 나는 그녀의 폭력성과 그것이 남긴 상처를 알고 있으면서도 이별하지 못했다. 왜냐하면 그녀가 그만큼 약한 인간이라는 사실을 나는 인정하지 않을 수 없었기 때문이다.

그녀는 사소한 일에도 쉽게 충격을 받았다. 그리고 내가 하는 모든 일을 두려워했다. 그런 그녀를 뒤로하지 않는다면, 나는 아무것도 할 수 없었다. 나는 폭력 속에 방치되어 있었지만, 그 폭력이 진정한 악의에서 비롯된 것이라고는 생각하지 않는다. 그녀는 스스로도 충분히 혼란스럽고 약한 인간이었기 때문이다.

그녀가 나에게 퍼부었던 폭언과 폭력의 구체적인 기억들은 희미해졌다. 이제 그녀는 집을 나가 외부에 머물며 자신의 삶을 꾸려가는, 어느 늙고 불쌍한 여인일 뿐이다. 나는 그녀에게 있었던 일을 굳이 복기하며 원망하고 싶지 않다.

가장 어두웠던 어느 날, 나는 발코니에서 그녀를 소리쳐 부른 적이 있다. 어쩌면 그날이 내가 진심으로 그녀를 '엄마'라고 불렀던 처음이자 마지막 순간일 것이다.

**이 모든 것을
사랑이라
부를 수 있다면**

1판 1쇄 찍음 2025년 7월 24일
1판 1쇄 펴냄 2025년 7월 30일

지은이 권윤지
펴낸이 신주현 이정희
디자인 Labi.D
일러스트 무중력소녀
마케팅 신보성
제작 (주)아트인

펴낸곳 미디어샘
출판등록 2009년 11월 11일 제311-2009-33호

주소 03345 서울시 은평구 통일로 856 메트로타워 1117호
전화 02) 355-3922
팩스 02) 6499-3922
전자우편 mdsam@mdsam.net

ISBN 978-89-6857-251-7 04810
      978-89-6857-221-0 SET

이 책의 판권은 지은이와 미디어샘에 있습니다.
이 책 내용의 전부 또는 일부를 재사용하려면
반드시 양측의 서면 동의를 받아야 합니다.

www.mdsam.net